Tomás Moro

Utopía

Semblanza de Santo Tomás Moro

Resumen de la heroica vida y ejemplar muerte del Ilustre Tomás Moro, Gran Canciller de Inglaterra, Vizconde y Ciudadano de Londres, extractada de la «Historia Eclesiástica del Cisma de aquel Reyno», que escribió el P. Pedro de Ribadeneyra, de la Compañía de Jesús.

Entre los muchos mártires que han padecido y muerto en defensa de nuestra Santa y Católica Religión con motivo del cisma suscitado en el reinado de Enrique VIII, se cuenta Tomás Moro, varón de grande ingenio, excelente doctrina y loables costumbres.

Nació en Londres en 1478. Su padre se llamaba Juan Moro, y era de linaje más honrado que noble. Crióse bajo los principios de la Religión y de la Piedad Católicas, no sin aprovechamiento; tanto que el gran concurso de dotes corporales y bienes del alma le hicieron varón clarísimo y dieron verdadera nobleza a su familia.

Fue muy docto en todas las letras y elocuentísimo en las lenguas griega y latina.

Sirvió en diversas embajadas de su Rey. Tuvo grandes cargos y oficios preeminentes qué ejerció con aplauso, rectitud y desinterés; y a pesar de haber contraído segundas nupcias y haber tenido muchos hijos, no engrandeció su patrimonio. Su cuidado se centraba en amparar y defender la Justicia y la Religión, y resistir con su autoridad, doctrina y libros que escribió, a los herejes que venían secretamente de Alemania a propagar sus enseñanzas a Inglaterra. De tal manera que entre todos los ministros del Rey ninguno se destacó tanto en refrenarlos y dificultarles sus actividades, por cuya razón fue tan amado y reverenciado de las personas virtuosas como aborrecido y perseguido por los perversos.

Ejerció durante casi cuarenta años el gobierno del país, con tanto prestigio y autoridad que parecía que nada ni nadie podría derribarle. Pero por inescrutables designios de la Providencia empezó a eclipsarse su buena estrella, amenazándole a él y al reino una grandísima ruina. Pero para darse cuenta de todas estas casas sería necesario referir toda la historia, por lo que vamos a referirnos únicamente a lo principal, singularmente a lo que toca a Tomás Moro.

Hacía veinte años que Enrique VIII estaba casado con Catalina de Aragón, hija de los Reyes Católicos, de cuyo matrimonio tuvo una hija. Pero como fuese viuda (aunque doncella) del Príncipe Arturo, hermano mayor de Enrique, éste se enamoró de Ana Bolena y para casarse con ella hizo el propósito de repudiar y apartar de sí a Catalina, pretextando que no podía ser su esposa la que lo había sido de su hermano, a pesar de que para ello había obtenido la dispensa del Papa Julio II.

Tomó Enrique varios pareceres sobre el caso, entre ellos a Tomás Moro. Éste, a pesar de saber con qué ansia deseaba el Rey separarse de su esposa para casarse con Ana Bolena, con santo temor de Dios respondió con firmeza y libertad cristiana que

5

de ninguna manera podía parecerle bien el divorcio y apartamiento de la Reina.

Esta respuesta sentó muy mal a Enrique, por creer que Tomás Moro era adicto a su persona, pero de momento disimuló, ofreciéndole grandes beneficios y prebendas si apoyaba su resolución, y para que se decidiese le mandó que tratara este asunto con el Rector del Colegio Real de Cambridge, que fue el promotor de este asunto y gran adulador del Rey. Se entrevistaron ambos, y después de muchas y largas controversias, se afirmó más en su opinión, exhortando con tanta decisión, en adelante al Rey que no dejase a la Reina, que no se atrevía Enrique a hablarle de este asunto, aunque se servía de él más que de otro alguno en los asuntos graves del país, y decía claramente que más querría atraer a Moro a su voluntad que la mitad de su reino.

Estando tratándose jurídicamente en Inglaterra la causa del divorcio por los jueces que a instancia del Rey Enrique nombró el Papa Pablo IV, los recusó la Reina y apeló ante Su Santidad, y aunque dichos jueces no admitieron su apelación por consideración al Rey, el Papa, sabiendo lo que pasaba, la admitió y reservó para sí la causa, mandando a los legados que no intervinieran más en este asunto. Al saberlo la Reina, comisionó a Tomás Moro para que informase al Rey de lo que el Papa había mandado, cuyo encargo desempeñó sin respeto humano alguno.

Habiendo perdido su privanza el Cardenal Wolsey, principal autor del divorcio, el Rey nombró Canciller a Tomás Moro, pensando que con ello le atraería a su opinión.

Conservó esta alta dignidad durante tres años, al cabo de los cuales, previendo la terrible tempestad que amenazaba al reino con motivo de haber desconocido el Rey la potestad de los Legados del Papa, declarándose Cabeza Suprema de la Iglesia de Inglaterra, quiso Tomás Moro, junto con otros varones graves y cristianos que estaban en la Corte, acogerse con tiempo a puerto seguro, y pretextando su avanzada edad y grandes trabajos realizados, dimitió de su cargo de Canciller, dimisión que le fue aceptada por diversos motivos, principalmente porque no había respondido a los designios por los que se le había dado el nombramiento.

Enterado el Papa de cuanto ocurría en Inglaterra y del determinio del Rey de casarse con Ana Bolena, le escribió rogándole encarecidamente que no se dejase llevar por la pasión ni decidiera nada hasta que se resolviera en justicia lo de su primer matrimonio, amenazándole severamente con su autoridad apostólica bajo pena de excomunión. Pero Enrique, que ardía en las llamas de su pasión, no dejó su mal propósito y se valió de Crammer, a quien había nombrado Arzobispo de Cantorbery, el cual dio sentencia de divorcio y se casó con Ana Bolena.

Sabiendo los herejes que la nueva Reina era luterana en su corazón, acudieron en gran número a la Corte y comenzaron a esparcir libros y libelos llenos de impiedades contra las personas eclesiásticas, entre los cuales se presentó uno al Rey, titulado "Petición de los pobres mendigos", en el que se ponderaba la gran cantidad de éstos

que había en el reino y su extrema necesidad, causada (según decían) por otros pobres robustos y ociosos eclesiásticos, los cuales, con artificios y engaños poseían más de la mitad de todos los bienes del reino, dejando morir de hambre a los verdaderos pobres, y se terminaba suplicando el remedio.

Ningún eclesiástico se atrevió a refutarlo, hasta que Tomás Moro escribió un libro muy docto y prudente, en el cual, después de rebatir las calumnias que contra el clero se decían en el libelo, mostró claramente que los bienes y rentas eclesiásticas no llegaban con mucho a lo que los herejes decían, y que no solamente aplicaban a fines piadosos, sino también necesarios, los que habían legado aquellos bienes a la Iglesia para que se conservara en ella perpetuamente el culto divino, sin el cual no puede conservarse la República, sino que las rentas, además de servir para el sustento de los clérigos y de los muchos seglares que de ellos dependen, servían para cobijo y refugio para toda clase de gente necesitada. Nadie se atrevió a refutar este escrito.

Pronunciada la sentencia de divorcio y coronada Ana Bolena como Reina, se mandó que todos jurasen que aceptaban el segundo matrimonio como legítimo, y que los hijos de él eran los verdaderos herederos del reino. Tomás Moro rehusó hacer tal juramento y por ello fue preso, con el mayor escándalo, junto con otros muchos que hablando mal del segundo matrimonio cayeron en la indignación del Rey.

Estando Tomás Moro en la cárcel, despojado de todas sus dignidades y bienes, nunca se vio en él señales de tristeza, pena o decaimiento, sino que con gran alegría decía que todo el mundo no es sino una cárcel y prisión, de la cual a la hora de la muerte cada uno es llamado para oír su sentencia, y que daba gracias al Señor porque su cárcel no era tan apretada como la de otros, ya que siempre que se presentan dos males hay que escoger el menor.

La prisión de este varón insigne tenía en gran expectación a todo el reino, y sabiendo el Rey su gran autoridad y la estimación que todos le tenían, para cambiarle de opinión le envió a muchos de sus privados. Pero viendo Enrique que con todo su poder y ardides no le podía vencer, empezó a dudar si le convendría más el dejarle con vida siendo el represor de su adulterio o quitársela y caer en la indignación de todo el reino.

Al fin se determinó por lo último, empezando por el Obispo Fisher, contra el que se enfureció más al saber que el Papa le había nombrado Cardenal estando en la cárcel.

Pensaba que con la muerte del Obispo, que era gran amigo de Tomás Moro éste se podría intimidar y ablandar. Fisher fue condenado a ser arrastrado, ahorcado y desentrañado.

Fue avisado Moro de la muerte santa de su compañero, y temiendo que por sus pecados no merecía la corona del martirio, con el corazón lleno de amargura y el rostro de lágrimas, se volvió al Señor y dijo:

—Yo confieso, Señor, que no merezco tanta gloria, pues no soy justo ni santo como vuestro siervo Fisher, al cual habéis escogido como varónconforme a vuestro corazón entre todos los de este reino, pero no miréis, Señor, lo que merezco, sino a vuestra misericordia infinita, y si es posible, hacedme participar de vuestra Cruz y Cáliz, y de vuestra Gloria.

Dijo esto con tanto sentimiento que los que no le entendían se figuraron que se enternecía con el temor de la muerte, y que ahora se podría ablandar e inclinar a la voluntad del Rey, y para moverle a ella volvieron a instarle muchos personajes, entre ellos su propia esposa, llamada Luisa, por orden del Rey, tratando de persuadirle de que no se dañara a sí mismo y a sus hijos. Díjole él a su esposa:

—Señora, a vuestro parecer, ¿cuántos años podré vivir?

—Veinte años, si Dios fuere servido —respondió ella.

—¿Pues queréis vos, señora —dijo él—, que por veinte años de vida pierda yo la eternidad?

Si dijerais veinte mil ya seria algo, aunque tampoco este algo es nada comparado con la eternidad.

Viendo que con nada podían hacer mella en su ánimo, que estaba firme como una roca, le quitaron todos los libros que tenía y el recado de escribir, para que no pudiera tener trato con los muertos que escribieron los libros ni con los vivos. Antes de esto, y estando preso, escribió dos libros; uno titulado: "Consuelo en la tribulación", en inglés, y el otro en latín sobre la Pasión de Cristo.

Después de estar casi catorce meses en la cárcel, el día primero de julio de, 1535 fue llevado a la Torre de Londres, ante los jueces, y al ser preguntado por la ley promulgada mientras él estaba preso, en la que se quitaba la autoridad al Papa y se daba al Rey, respondió con gran firmeza, agudeza y constancia lo mismo que las otras veces.

Finalmente, acusado de haber escrito a Fisher. animándole contra dicha ley, fue condenado a muerte, cuya noticia recibió con gran alegría diciendo:

—Yo por la gracia de Dios, siempre he sido católico y nunca me he apartado de la comunión y obediencia al Papa, cuya potestad entiendo que está fundamentaba en el Derecho Divino, y que es legítima, loable y necesaria, aunque vosotros temerariamente la habéis querido abrogar y deshacer con vuestra ley. Durante siete años he estudiado esta materia, y hasta ahora no he encontrado ningún autor santo que diga que en las cosas espirituales que tocan a Dios ningún seglar ni Príncipe temporal puede ser Cabeza y Jefe de los eclesiásticos, que son los que han de gobernar. También digo que el decreto que habéis dado es contra el juramento que antes hicisteis de no atentar jamás contra la Iglesia Católica, que es una e indivisa, y por vosotros solos no tenéis autoridad para hacer leyes, decretos ni Concilios contra la paz y la unión de la Iglesia Universal. Esta es mi fe; este es mi parecer, en el que

moriré, con el fervor de Dios.

Apenas hubo dicho estas palabras cuando todos los jueces, a grandes voces, empezaron a llamarle traidor al Rey, especialmente el Duque de Norfolk, que le dijo: —¿Cómo podéis declarar vuestro mal ánimo contra la majestad del Rey?

Y él respondió:

—No declaro, señor, mal ánimo contra mi Rey, sino mi fe y la verdad. Porque en lo demás yo soy tan adicto al servicio del Rey que ruego a Dios que no me sea más propicio a mí, ni de otra manera me perdone, que como yo he sido fiel y afectuoso servidor de Su Majestad.

Entonces el Canciller replicó:

—¿Pensáis, pues, que sois más sabio que todos los Obispos, Abades y Eclesiásticos? ¿Que todos los nobles, caballeros y señores? ¿Que todo el Concilio, o por mejor decir: que todo el reino?

—Señor —respondí—, por un Obispo que vosotros tengáis de vuestra parte tengo yo ciento de la mía y todos los Santos; por vuestros nobles y caballeros tengo yo toda la caballería de los Mártires y Confesores, por un Concilio vuestro (que sabe Dios cómo se ha hecho) están en mi favor todos los Concilios que en la Iglesia de Dios se han celebrado de mil años acá; y por este vuestro pequeño reino de Inglaterra, defienden mi verdad los de Francia, Italia, España y todos los demás reinos, provincias y potentados amplísimos.

Oyendo estas palabras que había dicho Moro delante del pueblo, que había acudido a la novedad de una causa seguida tan sin razón ni justicia contra un hombre tan insigne en virtud, prendas y demás circunstancias, les pareció a los jueces que no ganarían nada, y mandándole apartar, confirmaron la sentencia de muerte.

Terminado el juicio le volvieron a la cárcel, y a su paso le salió al encuentro su hija Margarita, a la que amaba tiernamente, para pedirle su bendición y el ósculo de paz, que le dio con mucho amor y ternura.

Cuando llegó a la cárcel se entregó a la oración y contemplación, recreando en el Señor su alma santa con muchos y suaves consuelos divinos.

Antes de que le sacaran al martirio, escribió con un carbón (porque no tenía pluma) una carta a su hija Margarita, en la que le manifestaba el deseo grande que tenía de morir en el día siguiente y ver al Señor, por ser la octava del Príncipe de los Apóstoles, San Pedro, ya que moría por la confesión de su primado y Cátedra apostólica, y en la víspera de la traslación del glorioso mártir Santo Tomás, que fue su abogado durante toda su vida.

Se hizo tal como deseaba, y el 6 de julio fue llevado al martirio. Al llegar allí puso por testigo al pueblo que estaba presente de que moría por la Fe Católica, encargando a todos que rogasen a Dios por el Rey, protestando que moría como fiel ministro suyo, pero más aún de Dios, que es el Rey de Reyes.

Presentó su cuello, y a impulso de la cuchilla quedó separada del cuerpo aquella cabeza de justicia, de verdad y de santidad, causando tan vivo dolor en los que lo miraron que no cabiendo en los pechos se manifestó en los rostros con abundantes lágrimas y sollozos, considerando que no se había quitado la cabeza a Tomás Moro, sino a todo el reino.

Así acabó su preciosa y ejemplar vida el docto e ilustre Tomás Moro, autor de "Utopía", en cuyo libro quiso manifestar la perfección de gobierno a que podía llegar una República conduciéndose por las luces de la razón natural y prescindiendo de la divina Revelación. Por ello no es de extrañar que la presente con los extravíos propios de la razón humana cuando camina sin el auxilio de la divina luz.

Noticia, juicio y recomendación de la Utopía y de

Tomás Moro por Don Francisco de Quevedo

Villegas. Caballero del Hábito de Santiago Señor

de las Villas de Cetina, y la Torre de Juan Abad

La vida mortal de Tomás Moro escribió en nuestra lengua Fernando de Herrera, varón docto y de juicio severo; su segunda vida escribió con su sangre su muerte, coronada de virtuoso martirio; fue su ingenio admirable, su erudición rara, su constancia santa, su vida exemplar, su muerte gloriosa, docto en lengua latina y griega. Celebraronle en su tiempo Erasmo de Roterodamo y Guillelmo Budeo, como se lee en dos cartas suyas, impresas en el texto de esta Obra: llamóla Utopía, voz griega, cuyo significado es, no hay tal lugar. Vivió en tiempo y Reyno, que le fué forzoso para reprehender el gobierno que padecía, fingir el conveniente. Yo me persuado, que fabricó aquella política contra la tiranía de Inglaterra, y por eso hizo isla su idea, y juntamente reprehendió los desordenes de los más de los Príncipes de su edad, fuerame fácil verificar esta opinión; empero no es difícil, que quien leyere este libro la verifique con esta advertencia mía: quien dice que se ha de hacer lo que nadie hace, a todos los reprehende: esto hizo por satisfacer su zelo nuestro Autor. Hurtos de cláusulas de la Utopía los mas Repúblicos Ragualbos del Bocalino: precioso caudal es, el que obligó, á que fuese ladrón á tan grande Autor. No han faltado lectores de buen seso, que han leído con ceño algunas proposiciones de este libro, juzgando, que su libertad no pisaba segura los umbrales de la, religión, siendo así que ningunas son mas vasallas de la Iglesia Católica, que aquellas, entendida su mente, que piadosa se encaminó á la contradicción de las novedades, que en su patria nacieron robustas, para tan llorosos fines. Escribió aquella alma esclarecida, con espíritu de tan larga vista, que como yo mostré en mi carta el Rey Chrlstianisimo, antevió los sucesos presentes asistiendo con saludable consejo á las cabezas de los tumultos.

El libro es corto, mas para atenderle como merece, ninguna vida seré larga; escribió poco, y dixo mucho: si los que gobiernan le obedecen, y los que obedecen se gobiernan por él, ni a aquellos será carga ni a estos cuidado. Por esto viendo yo á Don Gerónimo Antonio de Medinilla y Potres, que le llevaba por compañía en los caminos, y le tenía por tarea en las pocas horas que le dexaba descansar la obligación de su Gobierno de Montiel, le importuné á que hiciese esta traducción: asegurándome el acierto de ella lo cuidadoso de su estilo, y sin afectación; y las noticias políticas, que con larga lección ha adquirido. Executandolas en quanto del servicio de su Magestad se le ha ordenado; y con gran providencia, y desinterés, en el gobierno que

tuvo de estos Partidos. Quien fuete tan liberal, que en parte quiera pagar algo de lo que se debe á la buena memoria de Tomás Moro, lea en la Celta Dileflere de Bartolomé Zucchi de Monja la carta que escribió el Cardenal de Capua á Monseñor Marino, Cardenal y Gobernactor de Milán y verá quantos méritos tuvo su muerte para canonizar las alabanzas de su vida, y de su doctrina. En la Torre de Juan Abad 28 de Septiembre de 1837.

Don Francisco de Quevedo Villegas

Testimonio del maestro Bartolomé Ximenez

Patán

Catedrático de eloqúencia de Villanueva de los Infantes, y sus Partidos, y Notario del

Santo Oficio, por orden, y comisión del Tribunal de la Inquisición de Murcia

El Maestro Bartolomé Ximenez Patón, Notarlo del Santo Oficio, y con especial comisión dejos Señores Inquisidores, que residen en el Tribunal Apostólico de Murcia, para la expurgación de los libros, certifico, y hago fe, a los que el presente vieren, que el texto de la Utopía, que compuso Tomás Moro Inglés, y traduxo Don Gerónimo Antonio de Medinilla y Porres en Castellano (Caballero del Hábito de Santiago, Gobernador que fue en esta Villa, y sus Partidos, Caballerizo del Rey Señor nuestro, y su Corregidor en la Ciudad, y Provincia de Córdova, Señor de las Villas de Bocos, Rozas, y Remolino): no solo no está prohibido, pero si en algún tiempo tuvo alguna margen, que expurgar en otras impresiones, en la presente no la tiene, porque la he visto, y considerado una, y muchas veces, no solo por la expurgación del mas moderno Catálogo, y Expurgatorio, mas aun por la censura de los antiguos. Y por esto, y por las nuevas censuras que dicha traducción tiene, puede y debe imprimirse sin escrúpulo, ni sospecha de mala doctrina: antes su lección es de curiosidad christiana, y piadosa: y por ser así, en testimonio de esta verdad, lo firmé, y signé, en Villanueva de los Infantes, en 27 de Septiembre de 1637 años.

En testimonio de verdad

vera fides

El Mro. Bartolomé Ximenez Patón

Utopía

Relación que el excelente varón Rafael Hithlodeo hizo del feliz Estado de la República de UTOPIA ordenada por Tomás Moro.

Descripción de la isla y su agricultura

La isla de UTOPIA se extiende unos doscientos kilómetros, y por larguisimo espacio no se estrecha considerablemente, pero ea sus extremos queda reducida a unos cincuenta kilómetros. Dichos extremos están como torcidos, de manera que toda la isla tiene una forma parecida a la de la luna nueva.

Estas partes extremas, azotadas por el mar, distan una de otra unos once kilómetros.

Entre estos brazos se forma como a manera de un lago apacible, quedando un refugio muy bien acomodado, desde el que pueden mandar sus flotas a otras regiones y países.

Las gargantas que forma la entrada, que por una parte tienen bancos de arena y vados, y por otra parte escollos disimulados, ponen espanto al que pretendiera entrar como enemigo.

Casi en el centro de este espacio existe una gran roca, en cuya parte superior han construido un fortín, y en el que existe un presidio.

Hay muchos escollos ocultos (y por lo tanto muy peligrosos) de los que solamente tienen conocimiento los prácticos, de lo que resulta que muy raramente puede pasarlos ninguna nave extranjera que no esté guiada por uno de UTOPIA. Y si pretende entrar sin guiarse por ciertas señales que hay en la playa, cualquier armada enemiga embarrancará.

Dentro de dicho lago existe un puerto de mucho tránsito, con un desembarcadero natural muy bien acomodado, de manera que poca gente de guerra pueden poner en retirada a un ejército considerable.

Se cree (y el aspecto del lugar lo confirma) que aquel país antes no estaba totalmente rodeado por el mar. Pero Utopo, de quien tomó nombre la isla, por haberla conquistado, ya que antes se llamaba Abraxa, fue quien hizo que sus moradores, que eran rústicos y muy atrasados, vivieran de manera humana y civil. Fue él quien mandó formar un istmo de unos diez kilómetros, con lo que UTOPIA quedó separada de la tierra firme y convertida en una isla. Hizo que trabajaran en dicha tarea, no solamente los moradores antiguos, sino también los soldados, y con tan gran número de brazos el trabajo quedó realizado en muy poco tiempo, dejando admirados a los pueblos vecinos, que al principio se burlaban de ellos.

Hay en la, isla cincuenta y cuatro ciudades, todas las cuales tienen en común el idioma, las instituciones y las leyes; y puede decirse que todas ellas están construidas bajo un mismo modelo, en cuanto lo permite el terreno. La distancia media entre ellas es, de unos veinte kilómetros, y ninguna está tan apartada de la más próxima, que en una jornada un peatón no pueda desplazarse de una a otra.

Tres ciudadanos expertos y venerables de cada una de dichas ciudades acuden todos los años a Amauroto, ciudad que por estar en la parte central de la isla es fácilmente accesible a todas las demás y se considera, como la Capital, por ser donde se tratan las cosas comunes y la ordenación pública de todo. el país.

El término municipal de cada ciudad viene a tener el mismo contorno que las otras, unas más y otras menos, según lo apartadas que estén. Ninguna de ellas desea extender o ensanchar su distrito, por considerarse más como labradores usufructuarios de los campos que Señores de ellos.

Existen alquerías muy bien provistas de toda clase de utensilios para las labores agrícolas, y para el trabajo en estos cortijos se turnan los ciudadanos. Ninguna familia de una alquería agrupa menos de cuarenta personas, en las que se señala Padre y Madre de familias por edad y por costumbres venerables. Cada treinta alquerías forman una agrupación y se designa a una que se considera como cabeza y representante de todas las demás.

Por cada familia que está en el campo, cada año vuelven a la Ciudad veinte de sus miembros que han permanecido dos años en las tareas agrícolas, a los que sustituyen otros veinte familiares de la Ciudad para que se ejerciten en la Agricultura, de manera que los que ya son expertos por haber residido un año, amaestran a los recién llegados, los cuales a su vez instruirán, a otros al año Siguiente. Así todos los habitantes de la isla son expertos en los trabajos del campo, y se puede echar mano de todos ellos para las tareas de la recolección.

Y aunque esta manera de renovar el personal agrícola se ordena a que nadie lleve esta Vida dura por más tiempo de dos años, no por esto los que se complacen en la agricultura dejan de permanecer allí más años.

Los labradores cultivan el terreno, cuidan el ganado y demás animales, cortan leña y la conducen a la ciudad por tierra o por mar, según más convenga. Sacan con admirable artificio una infinidad de pollos, sin que los tengan que empollar las gallinas, ya que con calor proporcionado los incuban y después los hombres los abrigan y los cuidan. Crían pocos caballos, muy fieros, de los que únicamente se sirven para la guerra, ya que las labores de cultivo y acarreo las realizan con bueyes, que aunque sean más, lentos que los caballos son más sufridos y menos sujetos a enfermedades, además de que ocasionan menos gasto, y cuando pierden fuerzas se pueden comer.

Siembran solamente trigo. Beben vino de uvas y sidra, o agua pura, o cocida con regaliz, de la que disponen en gran abundancia. Y aunque producen todas cuantas vituallas se consumen en la Ciudad y en sus contornos, siembran bastante más para poder socorrer a otros países vecinos.

Todos los instrumentos de labranza se los proporcionan en la Ciudad por conducto del Magistrado, sin abonar nada por ellos. Muchos campesinos concurren todos los meses a las fiestas solemnes. Cuando llega el tiempo de la siega, los jefes de la labranza indican al Magistrado el número de los que han de enviar a segar, y acudiendo todos a una en tiempo sereno, casi en un día siegan todos los campos.

Las ciudades, especialmente Amarouto

El que ha visto una de aquellas ciudades pueden decir, que las ha visto todas, tan semejantes son unas de otras, en cuanto la disposición del terreno lo consiente. Aunque es igual describir una que otra, voy a fijarme en Amauroto, por ser la principal y estar en ella el Senado; por ser la más ennoblecida y por ser la que mejor conozco, por haber residido en ella cinco años.

Está situada en la falda de un monte, siendo su forma cuadrada, extendiéndose suavemente desde lo alto de un collado en una extensión de un kilómetro hasta llegar al río Anidro, prolongándose un poco más al otro lado del mismo.

Este río nace unos cíen kilómetros más arriba de Amauroto, de una pequeña fuente, pero con el concurso de otros ríos que confluyen en él, especialmente de dos mediados, aumentan mucho sus aguas, de manera que al llegar a la Ciudad su lecho tiene una anchura de unos trescientos metros. Luego se va ensanchando más, hasta llegar al Océano. En todo el trayecto que va del mar a la ciudad, y hasta un poco más arriba, con la subida y bajada de la marea, el río modifica su corriente cada seis horas. Cuando sube la marea las aguas del mar penetran río arriba y las aguas quedan salobres, pero después queda el agua limpia y normal.

La ciudad se comunica con la ribera opuesta, no con barcazas o pasarelas de madera, sino con un magnífico puente con arcos de sillería, construido en la parte más apartada del mar, para que las naves puedan llegar sin dificultad a la zona central de la Ciudad.

Disponen de un riachuelo manso y apacible, que nace cerca de donde está la población, atravesándola y, juntándose luego al río Anidro. Los habitantes de la Ciudad canalizaron estas aguas desde su nacimiento hasta la población, disponiendo fortines y parapetos para que en caso de asedio, no les llegase a faltar el agua, la cual es conducida con tuberías de barro cocido a todas las fuentes, que hay con profusión. Y si en otras Ciudades de la isla la Naturaleza no da estas facilidades, entonces reúnen las aguas de lluvia en grandes depósitos, con lo que obtienen el mismo resultado.

Toda la Ciudad está amurallada con muros altos y recios, con muchas torres y parapetos. El foso es seco, pero profundo y ancho, muy intrincado, con zarzas y espinos, menos en la parte de la muralla que está juntó al río.

Las plazas, están abrigadas con pórticos, tanto para el buen servicio de los almacenes como para la comodidad de los habitantes. Los edificios son semejantes y muy bien cuidados, sobre todo en las fachadas. Las calles tienen veinte metros de ancho, y todas las casas están rodeadas de jardín. Las casas tienen una puerta principal y una puerta falsa, con cerraduras muy sencillas, que todos pueden abrir fácilmente, de manera que cualquiera puede entrar y salir por ellas, ya que nadie posee nada en particular.

Cada diez años todos cambian de domicilio por sorteo, y todos sienten emulación por dejar la casa lo más arreglada posible. Un cuidado especial ponen todos en sus jardines, en los que plantan cepas, árboles frutales, hortalizas y flores, con tanta hermosura y buena labor que jamás he visto cosa igual. Este cuidado no es solamente para su deleite, sino que además compiten entre ellos para ver quién tiene estos jardines más bonitos y mejor cuidados. Lo cierto es que no he hallado en ninguna ciudad nada que esté mejor acomodado, tanto para el provecho como para el deleite de los hombres. Parece que Utopo (el fundador) puso en esto el máximo cuidado, y es fama que dispuso los modelos y el trazado desde el principio, aunque en cuanto al adorno estableció que los venideros lo arreglaran como mejor les, acomodase, contando coa que los gustos varían con los tiempos.

Así se refiere en los Anales que tienen escritos y guardados religiosamente, en los que se contiene la historia de la isla desde que fue conquistada abarcando un período de mil setecientos, sesenta años. Por ello se comprueba que al principio las, cosas fueron parecidas a lo que ahora son pajares, una especie de cabañas y chozas, construidas con toda clase de maderas sin distinción, con muros de tapia y cubiertas de pajizo y retamas.

En la actualidad cada casa tiene tres pisos, siendo el exterior de los muros de piedra labrada o de ladrillo, y lo interior revocado con argamasa; las azoteas llanas y descubiertas se protegen con cierto betún que fabrican con productos molidos, de muy poco coste, pero es tan eficaz que el fuego no lo altera y que defiende del mal tiempo mejor que si fuera con placas de plomo.

Contra los vientos usan vidrieras en las ventanas porque en aquella tierra hay mucho vidrio, aunque a veces también se sirven de telas enceradas con aceite o goma, con lo que se resguardan de los vientos y reciben más luz.

Los magistrados

Todos los años cada grupo de treinta familias eligen un Magistrado, que en su idioma antiguo llamaban Sifogranto, y en el moderno Filarco. Cada diez de estos Sifograntos, de acuerdo con las familias, eligen otro Magistrado superior, que antes llamaron Traniboro, y actualmente denominan Protofilarco. Finalmente, todos los Sifograntos (que son en número de doscientos) hacen juramento de que elegirán por Príncipe, con voto secreto, a uno de los cuatro propuestos por mayoría de votos por el pueblo. Cada cuarta parte de la Ciudad elige un Senador.

La dignidad de Príncipe es vitalicia, a no ser que se venga en sospecha de que trata de tiranizar el Estado.

Los Traniboros se eligen por un año, y no los deponen sin causa justificada. Todos los demás Ministros y Oficiales también los eligen por un año.

Los Traniboros se reúnen con el Príncipe cada tres días, aunque si hay asuntos urgentes se reúnen con mayor frecuencia. En dichas reuniones tratan los negocios de la República, procurando resolver las disensiones entre particulares, si las hay, que siempre son pocas.

Cada reunión del Senado viene presidida por dos Sifograntos, que se turnan por orden; no consintiéndose que se acuerde ningún asunto de importancia para la República, sin haberse planteado tres días antes de tomarse la resolución.

Se considera como un, delito capital el tratar ningún negocio público fuera del Senado y de sus Juntas señaladas. Esto se hace con miras a que el pueblo no sea traicionado y oprimido por la violencia y las asechanzas del Príncipe y de los Traniboros. Por esta razón, todo lo que se considera de importancia se comunica a la Junta de los Sifograntos, y éstos dan parte a las familias que los eligieron, consultándose entre ellos, de todo lo cual dan noticia al Senado. A veces se tratan los negocios en las Juntas Generales de toda la Isla.

Es norma del Senado el que ningún asunto se resuelva el mismo día que se propone, sino que se difiera para la reunión siguiente, para que nadie, sin madurarlo, exponga lo primero que se le ocurre, y después quiera sostenerlo tercamente, mirando más a su amor propio que al bien público, ya que son muchos los que llevados por una necia vergüenza, para que no parezca que obraron a la ligera, prefieren que prevalezca su opinión antes que la salud del pueblo, en aquello que debían tener bien estudiado para poder hablar con más conocimiento y menos prisa.

El trabajo

La Agricultura es la ocupación universal de hembras y varones, todos los cuales la conocen y la ejercitan sin distinción.

Esto se les inculca desde su más tierna edad; teóricamente, en la Escuela, y prácticamente en unos campos que están junto a la Ciudad, y no sólo mirando, sino empleando los niños en ello sus fuerzas corporales.

Además de la Agricultura, cada uno se ejercita en otro oficio distinto, como trabajar la lana o el lino, la cantería, la herrería, la carpintería y demás artes manuales

El vestido es igual para todos en toda la Isla, y en ningún tiempo se han introducido novedades, existiendo únicamente diferencia en los sexos, ya que las mujeres visten de una manera y los hombres de otra; y en los estados, pues no visten igual los casados que los solteros. Ello resulta agradable a la vista, acomodado al uso, y a propósito para defenderse del frío y del calor.

Cada familia se hace los vestidos a su gusto, pero ea los demás artes y oficios, tanto varones como hembras, cada uno aprende y se aplica en el que es de su elección.

Las mujeres se ocupan en trabajos menos pesados tales como el labrar la lana y el lino. Y los hombres en los más duros. En general, y el hijo sigue la profesión del padre, ya que casi siempre la naturaleza le inclina a ello; pero si alguno tiene inclinación decidida por otra profesión, pasa por adopción a otra familia que trabaje en aquella tarea a que se siente inclinado. En estos casos interviene no solamente el padre natural, sino también el Magistrado, cuidando de que el padre adoptivo sea hombre honrado y serio.

Si alguno se ha instruido bien en una Profesión y desea aprender otra, se le permite, y cuando las conoce bien se aplica a aquella que es más de su gusto.

Está al cuidado de los Magistrados Sifograntes el evitar que haya vagabundos, antes bien, cada uno esté bien ocupado en su profesión.

No comienzan su labor muy de mañana, ni trabajan continuamente, ni durante la noche, ni se fatigan con perpetua molestia como las bestias, porque es una infelicidad mayor que la de los esclavos la Vida de los trabajadores que han de estar a su tarea sin descanso, como ocurre en todas partes, menos en Utopía.

Dividen el día y la noche en veinticuatro horas, dedicando seis horas diarias al trabajo, tres por la mañana, al final de las cuales van a comer. Tienen una siesta de dos horas después de la comida, y una vez descansados vuelven al trabajo por otras tres horas, que se terminan con la cena.

Las veinticuatro horas empiezan a contarse a partir del mediodía. A las ocho se retiran a dormir durante ocho horas. En los intervalos de comer, cenar y dormir, cada uno emplea su tiempo con lo que mejor cuadra con su libre albedrío; pero no de manera que se disipe en excesos y holgazanerías, sino que libre de su trabajo se ocupe en algún ejercicio honesto de su elección.

La mayor parte de estas horas libres las dedican a los estudios literarios, ya que es costumbre que haya lecciones públicas antes del amanecer; a las que por obligación solamente asisten aquellos que están encargados y escogidos para cuidar del estudio. Además de éstos concurren voluntariamente gente de todo estado, tanto hombres como mujeres, a oír a los disertantes, cada uno según sus aficiones y según su profesión.

Estos tiempos libres, si alguno lo quiere emplear en su profesión, lo que les ocurre a muchos a Tos que su temperamento no les inclina a cosas de estudio, no se les prohibe, antes bien se les alaba por la utilidad que reportan a la República.

Después de la cena tienen una hora de recreo, que en verano transcurren en los jardines, y en invierno en las grandes salas que se emplean como comedores colectivos, donde se oye música o se hace tertulia.

Los juegos de dados y otros prohibidos, ni los usan ni los entienden. Lo que usan son dos clases de juegos parecidos al ajedrez. Uno de ellos es una batalla de tantos a tantos, en el que los de un bando despojan y saquean a los del otro; el otro juego consiste en una pelea de los vicios contra las virtudes en forma de escuadrones. En este juego se pone de manifiesto discretamente la oposición a los vicios y la concordia con las virtudes, así como qué vicios se oponen a las virtudes y les hacen guerra, y con qué pertrechos acometen a la parte contraria; y asimismo con qué armas defensivas las virtudes quebrantan y desbaratan a las fuerzas de los vicios, y los ardides con que inutilizan sus acometidas; y finalmente las trazas y mañas con que uno de los jugadores se alza con la victoria.

Duración del trabajo

Conviene poner la atención en esto para no llamarse a engaño, pues podía imaginarse que con solamente seis horas de trabajo diario no podrán producirse los bienes cuyo uso es indispensable, lo cual está muy lejos de suceder, porque con este tiempo, no solamente basta sino que sobra para obtener en abundancia las cosas necesarias para la vida y aun las superfluas.

En los países en que casi todas las mujeres (que son la mitad del pueblo) trabajan y los hombres se dan al reposo, además del gran número de sacerdotes y religiosos que no producen nada con sus manos, ni los señores ricos y herederos (a los que el vulgo llama nobles y caballeros), incluyéndose en esta cuenta a toda la caterva de los que sirven a estos últimos de espadachines y truhanes, y a los mendigos que teniendo salud fingen enfermedad por holgazanería, hallaréis que son muchos, los que no producen nada; y entre los que trabajan hay una gran parte que no se ocupan en cosas necesarias, ya que donde todo se consigue con dinero es forzoso que haya muchas artes totalmente vanas, que sólo sirven al antojo y al exceso.

Si los pocos que trabajan se aplicaran todos en los menesteres necesarios a la vida humana, sin duda que bajarían los precios de las cosas, de manera que la vida resultaría mucho más fácil. Y si se juntaran a éstos todos los que viven en el ocio y en la holganza, y se ocuparan en trabajos provechosos para todos (contando con que los artífices de las manufacturas de lujo y los holgazanes consumen cada uno tanto como dos oficiales de trabajos útiles y necesarios) aquellas seis horas diarias bastarían y sobrarían para estar abastecidos abundantemente de todas las cosas necesarias para la vida y su comodidad" incluso para los, deleites verdaderos y naturales.

La experiencia nos da verdadero testimonio de ello en Utopía, donde en cada Ciudad y las aldeas de sus contornos apenas si se permite holgar (entre hombres y mujeres) con a quinientas personas fuerza y edad aptas para el trabajo. Entre éstos, los Sifograntes, que si bien las leyes les declaran exentos, no se excusan de trabajar, para estimular con su ejemplo a los demás.

Del mismo privilegio gozan los estudiantes, a quienes por acuerdo de los Sacerdotes y de los Magistrados el pueblo les concede por votos secretos, que solamente se ocupan en sus estudios; y si alguno no corresponde a las esperanzas que en él se pusieron, se le saca de los estudio, y se le dedica a trabajos manuales. Y por el contrario, sucede muchas veces que, un trabajador manual que aprovechó sus horas libres para el estudio, le sacan de su trabajo para que se aplique solamente a estudiar.

De los estudiosos proceden los Embajadores, los Eclesiásticos, los Magistrados Traniboros, y el mismo Príncipe, al que en la antigua lengua llamaban Barzanes, y en la moderna Ademo.

La demás muchedumbre que siempre trabaja y está ocupada en labores útiles, cuesta poco comprender cuánto llegarán a producir en pocas horas.

Además de estas cosas que he referido, hay que añadir que en los trabajos usuales necesitan menos esfuerzo que en otros países. Fijémonos, por ejemplo, en la obra de construcción o de reparación de edificios. En otros países es necesario que haya muchos dedicados a la reparación, porque lo que los padres construyen con gran trabajo, los herederos pródigos lo descuidan de manera que poco a poco se arruinan, así que lo que pudo repararse a poca costa, el sucesor tiene que edificarlo casi de nuevo.

En Utopía las cosas no ocurren así, porque estando todas las cosas y las Ciudades compuestas y ordenadas de una vez, raramente acontece que se elija nuevo sitio para fundar edificios, y no sólo acuden con brevedad a reparar lo que se deteriora, sino que lo previenen con tiempo, antes de que amenace ruina. Por esto sucede que los edificios duran mucho tiempo, y que los Maestros de Obras tengan poco en qué ocuparse, si no es en tener preparados maderos y sillares para que cuando la necesidad lo pida, puedan acudir con mas diligencia a las reparaciones.

Los vestidos

En cuanto a los vestidos, ya se ha visto la sencillez con que lo resuelven, ya que para el trabajo se cubren con pieles curtidas, que son resistentes y necesitan pocas atenciones, y que les duran siete años. Cuando salen en público se ponen encima otra ropa, que siempre es del color natural de la lana, y esto en toda la Isla.

De esta ropa de lana gastan mucho menos que en otras partes, además de salirles a mucho menor coste. Con el lino ocurre lo mismo, aunque se gasta y se usa más. En los lienzos lo que se aprecia es la blancura y en los paños la limpieza, sin hacer caso de que sea más o menos fino Y delgado. De aquí procede que si en otras partes no basta para una sola persona el tener cinco vestidos de diversos colores, unos de lana y otros de seda, y los más caprichosos no se conforman ni con diez, los de Utopía, están muy contentos con uno, que les dura dos años. No tienen motivo para desear más ropa de la que tienen, porque con otra no estarían mejor defendidos del frío o del calor, ni por la finura les parecen más delicados y distinguidos.

Por estas circunstancias todos se ejercitan en profesiones provechosas, y aunque trabajen menos les basta para disponer de lo necesario con abundancia.

De donde resulta que, abundando en todas las cosas, sobra gente, y unas veces se destinan a la reparación de las calles y caminos públicos, y aun sin verdadera necesidad se ordenan obras públicas en las que todos se ocupan algunas horas.

Los Magistrados no emplean a los ciudadanos en trabajos inútiles y superfluos, ya que la institución y fundamento de la República se ordena principalmente a que, una vez satisfechas las necesidades públicas, se disponga del mayor tiempo libre posible para que todos gocen de libertad, y desarrollen sus valores espirituales, porque estiman que en esto consiste la verdadera felicidad.

Relaciones humanas

Vamos a exponer ahora la manera con que los ciudadanos de Utopía comercian entre sí, y cómo son sus relaciones.

La Ciudad se compone de familias basadas en el parentesco.

Las mujeres, al casarse, van a la casa de sus maridos, formando parte de la nueva familia. Los hijos y los nietos varones viven en la familia bajo el gobierno y la obediencia del más anciano, y cuando la edad y los achaques lo exigen, le sucede el que le sigue en edad.

Para que no falte población en la Ciudad, y para que no aumente en demasía, tienen ordenado que ninguna de las 6.000 familias que integran la Ciudad pueda sustentar menos de diez menores ni más de 16. En cuanto a los adultos no hay ningún tope determinado.

Esto se logra pasando los niños que sobran de una familia a otra que les falten, para formar su cómputo. Si alguna vez se multiplican más de lo determinado y justo, con los que sobran se compensan las zonas despobladas de otras ciudades. Si en algún caso en toda la isla hay excesiva muchedumbre de moradores, hacen un padrón y en el continente fundan colonias sujetas a sus mismas leyes, convidando a los naturales de aquella tierra a que vivan en su compañía, si tienen gusto en ello.

Una vez que se han juntado con los que aceptan este trato, fácilmente se conforman con las costumbres y las leyes que son de utilidad para ambos pueblos. De esta suerte, con sus buenas ordenanzas hacen que se fertilice la tierra que antes era estéril y miserable; y a los que no se conforman con este trato los echan de los términos que han señalado para sí, y tienen por justo el hacer la guerra a los que se resisten.

Cuando algún pueblo prohibe a otro el uso y la posesión de terrenos que tiene vacíos y desocupados, de los que nadie se aprovecha, por ley y ordenamiento del Derecho Natural este otro pueblo puede vivir allí y trabajarlo, y apoderarse del dominio y del uso de aquella tierra. De esta manera, cuando en las ciudades de la Isla ocurre algún desastre de tal magnitud que con medios normales no se pueda reparar (lo cual, a lo largo de muchos siglos, ha ocurrido dos veces por calamidad y peste) entonces hacen venir de las colonias el número conveniente de ciudadanos, porque tienen por más acertado el conservar la casa propia que atender a la ajena.

Volviendo a la manera de vivir de los habitantes de Utopía, él más anciano preside la familia, las mujeres sirven a los maridos, los hijos a sus padres, y en general los de menor edad a los mayores.

Cualquiera de las Ciudades se subdivide en cuatro Distritos iguales, cada uno de los cuales tiene en su centro una plaza donde se hallan los almacenes generales comunes a todos. Hay lugares determinados donde se llevan los productos del trabajo propios de cada familia. Cada especie de alimentos se conservan en silos apropiados por cada clase.

De estos almacenes cada padre de familia saca todo aquello que necesita para sí y para los suyos, sin dinero ni nada que lo sustituya. ¿Por qué se le negará nada si allí hay abundancia de todo, y Sin temor a que nadie pida más de lo que necesita? ¿Y qué objeto puede tener el pedir con exceso cuando se está seguro de que no faltará nada de lo necesario?

Es cosa manifiesta que cuando no hay temor de que falte lo que se necesita, cesa la ambición de querer acumular aquella clase de bienes, y como esta ambición no se da en Utopía, viven perfectamente tranquilos.

Junto a las plazas centrales de las que se hecho mención, existen otras que llaman de Suministros, en las cuales se almacenan las hortalizas y las frutas, además del pan. Para el pescado, las carnes de pluma y de pelo, y cualquiera otros alimentos cuya vista y olor es poco atractivo, tienen sus almacenes fuera de la Ciudad, cerca del río, donde es fácil lavar las inmundicias. En tales lugares se disponen las reses muertas y limpias por obra de los esclavos, ya que no consienten que los ciudadanos se ocupen en degollar, cortar y desollar los animales, por considerar que estas prácticas inducen a los hombres a la fiereza, crueldad e inhumanidad, y temen que se atrofien los afectos de la piedad natural. Se prohibe que ninguna cosa inmunda, sucia o asquerosa entre en la Ciudad, cuya putrefacción corrompa el aire y provoque enfermedades.

Comedores y hospitales

En cada barrio hay un edificio público (separados los de unos y otros barrios por la misma distancia) que sirve de morada al Sifogranto, que es el representante de 30 familias, de las que están a un lado del edificio y las otras 15 al otro, y las 30 familias se reúnen en dicho gran local para sus comidas.

Los despenseros de estos comedores colectivos se reúnen en la Plaza a horas determinadas, para pedir las provisiones, según el número de comensales que tienen asignados. Pero antes que a nadie, se atiende al cuidado de los enfermos, los cuales son atendidos en Hospitales Públicos, de los que hay cuatro en cada Ciudad (uno por cada Distrito) y están situados en las afueras, siendo tan capaces que parecen poblaciones pequeñas.

Ello permite que no estén amontonados en el caso de haber muchos enfermos, y si hubiere enfermos contagiosos pueden perfectamente, separarse unos de otros.

Estos Hospitales están tan bien dispuestos y surtidos de todas aquellas cosas que afectan a la salud, y servidos con tantas atenciones y cuidados por enfermeros y médicos doctos, que si bien no es obligatorio que se lleven allí a todos los enfermos, no hay nadie que al sentirse malo no prefiera pasar la enfermedad en el Hospital mejor que en su casa.

Cuando el despensero de los enfermos ha tomado lo que necesita según las órdenes y recetas de los médicos, se mira lo mejor que hay y se reparte en partes iguales a todos los Comedores Colectivos; aunque también se tiene en consideración lo que se pide para la casa del Príncipe, así como para los Prelados y para los Traníboros, e incluso para los Embajadores, si es que hay alguno (cuando los hay, también tienen su casa señalada y dispuesta).

Asisten a estos Comedores los Sifograntes con las 30 familias que cada uno de ellos representa, que se convocan al son de una trompeta cuando llega la hora de comer, con la excepción de los que están enfermos en sus casas o en el Hospital. A nadie se le prohíbe que se lleve comida a su casa, pon estar persuadidos de que nadie es capaz de hacerlo sin necesidad. Y aunque es lícito a todos el quedarse a comer en sus casas, nadie lo hace porque no les parece decente, reputándose por cosa de poco juicio el tomar sobre sí un trabajo innecesario, pudiendo comer espléndida y abundantemente con los demás, con las máximas facilidades.

En los Comedores Colectivos se encargan a los esclavos todos aquellos trabajos que se tienen por serviles y menos decentes. El aderezo y guiso de las viandas, así como la disposición de las mesas, corre a cargo de las mujeres, por turno de familias.

El número de mesas es proporcionado al de los comensales. Los varones se sientan de espaldas a la pared y las mujeres en los bancos de fuera, con objeto de que si les sobreviene algún accidente (especialmente a las que están embarazadas) puedan acudir rápidamente a remediar la necesidad. Las que amamantan a sus pequeños comen en una pieza algo apartada, con cunas para los niños de pecho, donde siempre tienen provisión de lumbre y agua clara para poderlos limpiar y recrear.

Toda madre cría a su hijo, si no lo impide la muerte o alguna enfermedad. Cuando esto ocurre, la esposa del Sifogrante busca rápidamente un ama, que encuentran con facilidad, porque las que pueden hacerlo a ningún otro oficio acuden con más voluntad. Es cosa digna de alabanza el que todas estén dispuestas a esta obra de piedad, en la que el huérfano encuentra una segunda madre en la que le cría.

Hasta que han cumplido los cinco años, los niños comen en la misma sala donde están las madres lactantes. Los demás niños mayorcitos, así como los jóvenes y las mozas, todos los cuales, hasta que se casan, sirven en las mesas.

La mesa principal está en la cabecera, desde la cual se divisa toda la concurrencia. En el lugar preferente se sienta el Sifogranto con su esposa y a continuación los más ancianos, sentándose por todas las mesas de cuatro en cuatro. Si en aquel barrio hay Templo, el Sacerdote y su esposa se sientan junto al Sifogranto. Así se van acomodando los más jóvenes junto a los mayores.

De esta manera se distribuyen por toda la sala, y dicen que lo hacen así para que la reverencia y autoridad de los mayores contenga el barullo y jolgorio propios de la gente joven, siendo así que no pueden decir o hacer nada sin que lo oigan o vean los ancianos desde cualquier parte.

Se sirve primero a los más ancianos, administrándoles lo que está mejor aderezado, y luego van sirviendo por igual a todos los demás.

En la comida y en la cena se lee alguna cosa moral, con brevedad, para que no sientan fastidió. Después de la lectura los ancianos animan pláticas sabrosas y decentes, sin hacer largos discursos, sino que procuran que hablen los jóvenes, contando que con la licencia de la comida se manifiesta el natural y las habilidades de cada uno.

Las comidas son más breves que las cenas, porque éstas van seguidas de sueño y del descanso, y así creen que se hace mejor la digestión. En la cena suena la música, y como postre comen frutan secas. Se recrean con buenos perfumes que se queman en, pebeteros, y utilizan todas las cosas que pueden ser del agrado de los que asisten, porque están persuadidos de que son lícitos todos los deleites que no acarreen inconvenientes.

De esta manera, pues, se relacionan en la Ciudad. Los que acude al campé, cada cual se acomoda con su familia, no faltando a ninguno lo necesario, como corresponde a aquellos de quienes se sustentan las Ciudades.

Si alguno desea visitar a unos amigos que residen en otra Ciudad, o tiene simplemente el deseo de ver otra Ciudad, con facilidad obtiene la autorización de los Sifograntos y Traníboros, a no ser que hubiera alguna dificultad de carácter público.

Van acompañados, con salvoconducto del Príncipe, en el que consta la fecha de salida y la de regreso. Se le proporciona un carro y un esclavo para que cuide y guíe los bueyes. Al llegar a su destino, si no llevan consigo a su esposa, hacen regresar el carro para quedar más libres.

No llevan provisiones de ninguna clase, ya que en todas partes las encuentran, como si estuvieran en su casa. En cualquier lugar donde se detengan más de un día, trabajan en su profesión y sus colegas les tratan humanísimamente, obsequiándoles de muchas maneras.

Pero al que sale de sus términos sin licencia ni salvoconducto del Príncipe, le tratan con mucho rigor y afrenta, castigándose este atrevimiento con severidad, obligándole a regresar, y penándole con diversos servicios, como fugitivo.

Viajes y otras costumbres. Estudios

Si a alguno le complace el pasear dentro del Término Municipal de su Ciudad, le basta con que su padre le autorice y su esposa no se oponga; en cualquier caserío que llegue, antes que nada ha de ganar su comida ejecutando la tarea que se le señale antes de sentarse a comer o a cenar, según sea el horario de trabajo en aquel lugar. De esta forma puede andar por todo el Término de su Ciudad; y es tan útil a la colectividad como si no hubiera salido de ella.

Todo está dispuesto para que en ninguna parte haya ocasión para estarse ociosos, ni pretexto alguno para vagabundear.

No hay tabernas, ni casas públicas de mujeres deshonestas, ni nada que dé lugar a la corrupción de las costumbres. No existen lugares donde esconderse, ni se permiten conciliábulos; así, el estar a la vista de todos hace que el trabajo honesto aparezca como forzoso, de lo que resulta una gran abundancia de bienes de la que participan todos, con lo que no hay posibilidad de que existan necesitados ni mendigos.

Comercio interior y exterior

En el Senado de Ámauroto (al cual, como se ha dicho, acuden todos los años tres delegados de cada Ciudad) cuando se sabe que de ciertos productos hay abundancia en ciertos lugares, mientras que en otros las malas cosechas han motivado escasez, se ordena que la carencia de unos se remedie con la abundancia de otros.

Esto se hace sin interés alguno, sin recibir nada en pago de aquellos a quienes se da. Incluso ocurre que cuando una Ciudad que antes estuvo en la abundancia y pudo socorrer a otra, cuando se encuentra en necesidad no pide nunca a las Ciudades que ella antes socorrió, para que no parezca que quieren cobrar, sino que se dirigen a aquellas que no ayudaron nunca. Así, toda la Isla es como una gran familia.

Después de que, con gran atención, se han provisto ampliamente de todo lo necesario (lo cual estiman que se ha logrado cuando tienen provisiones para dos años), lo que les sobra lo llevan a otros países, como trigo, miel, lana, lino, cochinilla, conservas de pescado, pieles curtidas, cera, sebo, ganado vivo, etc. La séptima parte de lo que llevan para vender lo reparten entre los pobres de aquella tierra, y lo demás lo venden a precios moderados.

A su regreso llevan a Utopía gran cantidad de oro y plata, con algunas mercancías que necesitan y que no se producen en la Isla, que son pocas, siendo la principal el hierro. Con estas exportaciones continuas, los metales preciosos abundan más de lo que se puede creer.

Por todo ello no tienen excesivo interés en vender sus mercancías al contado, y fácilmente las ceden con pago aplazado para un día señalado; ello hace que su caudal, en una parte muy importante, esté en forma de letras de crédito. Sin embargo, nunca abren crédito a los particulares si no viene avalado por la Ciudad en la que se hace la entrega. Cuando vence el plazo, el deudor entrega la suma al erario público de aquel país, donde produce intereses hasta que lo retiran los de Utopía, los cuales nunca retiran todo el capital, ya que no tienen por justo el privar de ello a los que lo han menester.

Fuera de esto, si las circunstancias aconsejan dar dinero prestado a algún otro pueblo, entonces movilizan los créditos de que disponen. O cuando han de hacer guerra, porque es con vistas a esta calamidad que guardan los metales preciosos en sus casas, ya que ordinariamente la guerra la hacen a base de soldados mercenarios, a los que pagan con esplendidez, pues de buena gana prefiere que corran el riesgo los extranjeros que los de su nación; Sabiendo, además, que el dinero puede hacer de los enemigos amigos.

Los metales preciosos

Por todas estas razones conservan y amontonan un tesoro enorme, pero con tal desprecio, que temo que no he de ser creído si lo refiero; y lo temo tanto cuanto más seguro estoy de su certeza. Si yo no lo hubiera visto con mis propios ojos, con dificultad lo creería si otro me lo contara, por lo que me parece muy natural que lo dude quien no esté bien informado de sus ordenanzas y de su género de vida.

Pero quien juzgue las cosas con buen juicio, cuando conozca y vea que sus leyes y costumbres son tan diferentes de las nuestras, se maravillará menos de que el trato que se da al uso del oro y de la plata se acomode a la mentalidad de los de Utopía y no a nuestras costumbres. Ellos, ciertamente, usan estos metales, pero los guardan para sucesos que pueden acontecer, o no.

Sea como fuere, ellos no aprecian el oro más que por su valor intrínseco, ya que, ¿quién no reconoce cuánto más necesario es el hierro para servirse de él (sin el cual los hombres no pueden vivir, siendo tan necesario como el fuego y el agua) que el oro y la plata? El hecho es que de la utilidad que la naturaleza ha dado al oro y a la plata, los hombres podemos privarnos sin quebranto alguno; si no hubiera ocurrido que la ignorancia de los hombres les ha inducido a dar más valor, no a lo que es mas útil, sino a lo que es más escaso.

La naturaleza, como madre próvida, dispuso que las cosas mejores fuesen abundantes y fáciles de conseguir, como el aire, el agua y la tierra; y las viles y de ningún provecho las escondió más que aquellas que ayudan poco.

Por todo esto, si tales tesoros se guardaran en alguna torre a disposición del Príncipe y del Senado, la sagacidad de la malicia del vulgo podría venir en sospecha de que trataban de engañar al pueblo para usarlo en su propio provecho. Por ejemplo, al llegar ocasión de acuñar moneda para pagar a los mercenarios en caso de guerra, tienen por cierto que los poderosos pondrían dificultad en que se fundieran las vajillas y las joyas preciosas que tendrían para su propio deleite.

Para descartar estos inconvenientes discurrieron algo que, si por una parte encaja perfectamente en sus costumbres es completamente contrario a las nuestras, que con tanta diligencia guardamos el oro y en tanta estima lo tenemos. Esto no lo podrán creer ni comprender más que las personas de mente clara y despejada.

Su vajilla es de barro cocido y de vidrio, y es le único que usan para comer y para beber. Con el oro y la plata, tanto en los edificios colectivos como en las casas particulares, hacen orinales y bacinillas para las necesidades más inmundas. Además de esto, con tales metales construyen grillos y cadenas gruesas, para castigo y prisión de los esclavos, y para castigar los delitos más infames cuelgan zarcillos en las orejas del delincuente, y les llenan los dedos de anillos de oro, y con el mismo metal les hacen gruesos collares para el cuello, y también con oro hacen unos bonetes con los que les cubren la cabeza, en castigo de su delito.

Así, por todos los medios, procuran envilecer e infamar la estimación del oro y de la plata. Con lo que sucede que estos metales tan codiciados en las otras naciones, son tan despreciados en Utopía que aún perdiendo todo el oro y la plata que tienen, les parece que no han perdido nada.

En sus orillas se crían perlas, y en algunas rocas diamantes y carbunclos. Aunque no los buscan, si se los encuentran, no los desprecian y los trabajan. Con ellos engalanan a los niños, que en sus primeros años están muy contentos con tales galas. Pero cuando se van haciendo mayores, y se dan cuenta de que tales juguetes no son más que para niños, sin que sus padres se den cuenta, corridos y avergonzados, los dejan de lado, de la misma manera que entre nosotros se dejan los aros y las muñecas, Yo mismo no podía entender claramente cómo podía ser que estos sentimientos tan contrarios a los que todas las demás gentes, estuvieran allí tan generalizados, hasta que presencié la llegada de los Embajadores de los Anemolios.

Llegaron éstos a Amauroto estando yo allí, y en razón de que venían a tratar asuntos de gran importancia, habían venido también para recibirles tres Delegados de cada Ciudad de la Isla. Los demás Embajadores de los países vecinos, conocedores de las costumbres de Utopía y sabiendo que no tenían ninguna estima por los trajes suntuosos y que menospreciaban las sedas y joyas, y que más bien las tenían por afrenta, acostumbrando a presentarse siempre con un traje modesto.

Pero Anemolio es un país lejano que tenía poca comunicación con Utopía, y aunque habían oído decir que todos usaban trajes toscos y sencillos, no creyendo que lo hacían por razones superiores, sino por necesidad, con más arrogancia que buen sentido tomaron la resolución de presentarse deslumbrantes de esplendor y de majestad, con gran aparato en el vestir y en el adorno.

Se presentaron tres Embajadores con un centenar de acompañantes, todos vestidos de diferentes colores, los más de ellos de seda. Los mismos Embajadores, por ser de los más nobles en su tierra, iban recamados de oro, adornados con cadenas y sortijas de gran precio, con cintillas de inestimable valor con muchas piedras preciosas guarnecidas de perlas. Todo con aderezos de oro labrado, que es lo que en Utopía sirve de castigo a los malhechores o de juguete a los niños más pequeños.

Era impresionante observar el engreimiento de los embajadores cuando cotejaban sus atavíos con la sencillez de los habitantes de Utopía, que habían acudido en gran número y llenaban la plaza principal de la Ciudad. Y en otro aspecto no era menor mi impresión al observar cuán burladas se hallaban sus esperanzas, y de cuán lejos estaban de provocar la estima y la veneración que esperaban.

Verdaderamente que a los ojos de aquellos de Utopía que no había salido nunca de su país (que eran casi todos, excepto algunos que habían viajado por otros países por causa justa) aquella hermosura y esplendor aparatoso les parecía cosa afrentosa,

de manera que a los criados más humildes les tomaban por los señores y les saludaban con mucha reverencia, y juzgando que los Embajadores eran esclavos por las muchas cadenas, sortijas y oro que llevaban, les dejaban pasar sin hacerles cortesía alguna.

Qué más diré, sino que pude observar que unos niños que ya habían dejado sus dijes y adornos de pedrería, al observar la cabeza de los Embajadores con sombreros y gorras llenos de joyas, decían a sus madres, dándoles con el codo:

—Madre, mira a este tonto que va cargado de perlas y joyas como si fuera un niño.

Ellas replicaban, muy serias:

—Calla, que éste debe ser uno de los bufones de los Embajadores.

Otros hacían comentarios acerca de las cadenas de oro, diciendo que no eran de ningún provecho, ya que eran tan delicadas que el esclavo podía romperlas con extrema facilidad, y tan flojas que cuando quisieran escapar podrían desprenderse de ellas y huir de la prisión.

Los Embajadores estuvieron allí dos o tres días y pudieron advertir la gran abundancia de oro que había sin estimación alguna, y que allí lo despreciaban tanto como en su país lo estimaban, notando además que en las cadenas y grillos de un solo esclavo había más oro y plata que en todo el aparato de los tres Embajadores juntos; se avergonzaron de aquel orgullo que ostentaron con tanta arrogancia, especialmente después de que trataron con más familiaridad a los de Utopía y pudieron hacerse cargo de sus instituciones, sus costumbres y su modo de vivir.

Los de Utopía se maravillaban de que un hombre cuerdo pudiera arrobarse ante el vano resplandor de, una piedrecilla, pudiendo mirar la hermosura y belleza de los Astros, y aún del mismo Sol. O de que hubiera hombres tan vanos que se figuren que son más nobles porque vistan telas más finas y lujosas, cuando la verdad es que la más fina lana tuvo su principio y se crió en la oveja.

También se maravillaban de que en todas partes se tenga tanta estimación por una cosa que es tan inútil por su naturaleza, como el oro, de tal manera que hombres sin sentido, y malvados, y necios, que porque les cupo en suerte poseer mucho oro son honrados y respetados de todos, y aún tienen a hombres sabios y honrados como a servidores suyos. Y si se presenta un revés de fortuna, resulta que aquel hombre respetado y temido queda como un esclavo; y así el valor de los hombres se mide por el oro que poseen.

Además de esto, abominan mucho más la locura, de aquéllos que a los que saben son ricos (aunque no, les deban nada ni tengan obligación ninguna con ellos) les honran tanto que falta poco para que los reverencien como a dioses. Y esto ocurre aún sabiendo que son tan egoístas y avaros que de su gran tesoro jamás se verán socorridos en lo más mínimo, aunque se hallen en la mayor necesidad.

Estos criterios los han adquirido con la educación que recibieron por haberse criado en la República de Utopía, cuyas ordenanzas son tan diferentes de las de otros países que se basan en la ignorancia y en el error.

Los estudios

Aunque no son muchos los que en cada ciudad se dedican únicamente al estudio libres de los demás cuidados, con todo son muchísimos los que desde sus primeros años, por su buen natural, agudeza de ingenio, y ánimo inclinado al estudio, se instruyen en las buenas letras. Y no solamente los hombres, sino también las mujeres, durante el transcurso de su vida dedican al estudio gran parte de las horas libres de sus labores profesionales.

Toda la enseñanza se da y se recibe en su propio idioma natural, que interpreta sus sentimientos y estados de ánimo mejor que cualquier otro.

De todos los filósofos célebres en todo el orbe conocido por nosotros no tenían noticia, ni de ninguno de ellos les había llegado la fama hasta ahora, al llegar nosotros a la Isla. A pesar de esto, en la Música, en la Dialéctica, en la Aritmética y en la Geometría están prácticos, y con una suficiencia análoga a la de nuestros mayores.

En el curso de las estrellas y movimientos de los astros son muy prácticos, y han construido instrumentos de formas diversas con los que miden con exactitud los movimientos del Sol, de la Luna, y de las Estrellas en el horizonte.

No aprecian las conjunciones y oposiciones de los astros en relación con los acontecimientos felices o adversos, ni la astrología, ni las adivinaciones, que estiman engañadoras o burladoras.

Por la experiencia de muchos siglos conocen ciertos fenómenos que con anticipación les señalan los vientos, las lluvias y sequías, y demás mudanzas del tiempo. Pero acerca de las causas y orígenes del mundo y de sus fenómenos, los hay que dan razones parecidas a las de nuestros filósofos antiguos, y lo mismo que ocurría con aquéllos, hay opiniones para todos los gustos.

En cuanto a la Filosofía Moral tratan de los. mismos temas que nosotros referentes al hombre, pero su tema primero y principal consiste en examinar la felicidad del hombre, y si ésta estriba en una sola cosa o en varias. Se inclinan más de lo justo en creer que la felicidad del vivir consiste en el deleite, y se sirven para esto de la Religión, que para ellos es grave y severa.

Sus fundamentos son que el alma es inmortal, creada por la bondad de Dios para la bienaventuranza; que existen premios para la virtud y buenas obras de los hombres, así como castigos para las maldades. Aunque esto es lo que enseña su Religión, estiman que para creerlo, o no, hay que concordarlo con la recta razón.

Si no se tienen estos principios, afirman, que no habrá nadie tan necio que no busque su placer, aunque sea por medios injustos, advirtiendo solamente que un placer menor no sea impedimento para un placer mayor, o que lo ejecute y goce con él de manera que después no tenga que arrepentirse.

El seguir las dificultades y asperezas de la juventud huyendo de lo suave de la vida, abrazando voluntariamente las molestias y pesares que lleva consigo la justicia, afirman que es una locura si no se cree en el más allá. Porque, ¿qué sentido puede tener todo esto si una vez terminada la vida no hay ninguna recompensa?

Estiman que la felicidad no está en cualquier deleite, sino en los justos y honestos. Aseguran que nuestra naturaleza se deja llevar a este mismo deleite como sumo bien, por medio de la virtud. La virtud la definen diciendo que consiste en vivir según la Ley Natural, y que para esto fuimos creados por Dios; y que este camino lo sigue aquel que para tomar o dejar las cosas se ajusta a la recta razón.

Sienten finalmente que la razón inflama a los hombres en el amor y veneración a la Divina Majestad, a la que se debe el ser que tenemos, y el que seamos capaces de la propia felicidad, y que nos alienta para que pasemos la vida alegre y sin trabajos. A este intento hemos de mostrarnos agradecidos a la naturaleza ayudando a los demás para que gocen de lo mismo.

Porque no puede haber nadie tan severo defensor de la virtud y enemigo del deleite que enseñe a sufrir los trabajos, desvelos y pobreza de tal manera que llegue a aconsejar que no conviene que se remedien las necesidades y miserias. Antes bien, todos juzgan que debe alabarse, con nombre de "Humanidad", el que los hombres se consuelen, socorran y remedien unos a otros. ¿Quién duda de que la misma naturaleza inclina a los hombres a hacer con los demás igual que consigo mismo?

Pues si ello es así, no hemos de ser menos favorables con nosotros mismos que con los demás. Ni tampoco el querer ser bienhechor de los demás puede obligar a ser inhumano consigo mismo.

Siendo cierto que la proximidad convida a los hombres a que se ayuden unos a otros para poder gozar todos de una vida deleitosa y apacible, la misma naturaleza manda que no se atiendan tanto las propias conveniencias que se ocasione el malestar de los demás, porque en el linaje humano no hay ninguno tan superior que todo haya sido hecho para él.

Tienen por cosa muy importante no sólo que se cumplan los contratos que libremente se hacen entre particulares, sino también el cumplimiento de las leyes dictadas por un Príncipe justo, o que el pueblo no tiranizado ni engañado estableció de común consentimiento acerca de las comodidades de la vida; es decir: que todos disfruten de toda clase de beneficios y deleites. Si no se quebranta esta regla, se da por cierto que cada uno buscará su comodidad y el bien de los demás.

Pero si uno para hacer su gusto intenta privar a otro de su propio deleite, comete una verdadera injuria. Y al contrario: si uno se priva a sí mismo de algo bueno para darlo a los demás, es humanitario; y es cosa cierta que tal acción nunca priva de tanto bien como reporta, porque se compensa con el retorno de otros beneficios. Además de que el conocimiento de la buena obra, con el recuerdo de la gratitud de aquellos a los que se ha beneficiado, trae el ánimo un deleite mayor que el que habría experimentado con aquello de que se privó.

Finalmente, como la Religión enseña a los hombres que Dios premia con el gozo eterno la privación de placeres efímeros, esto les persuade en su creencia de que todas nuestras acciones, incluso las virtudes, tienden al deleite como a su último fin.

Llaman deleité al estado en que se hallan contentos con los gustos naturales, con firmeza del cuerpo y del ánimo. Con razón dan como compañero de la naturaleza al apetito; pero también la recta razón señala que debe ser sin molestia para otros, ni que sea motivo para perder un deleite superior; y que no conduzca a fatiga.

Consideran que son inútiles y nocivos para la felicidad aquellas cosas que los hombres tienen por agradables, pero que son contrarias al orden natural. Estos falsos deleites se van apoderando de la mente humana y la incapacitan para gozar de los deleites verdaderos. Así ocurre con los que se dejan llevar de la codicia, que por su propia naturaleza no es cosa suave y deleitosa, sino que origina amargura y pesar, y con todo, sus perversos atractivos seducen de tal manera que no solamente se ponen los motivos de deleite en la codicia, sino que se considera como el principal atractivo de la vida.

También tienen por personas que buscan falsos deleites a aquellas a que antes me referí, que creen que ir mejor vestidos que los demás les hace mejores que ellos, y en una sola cosa cometen dos yerros: el primero es que se engañan a sí mismos pensando que sus vestidos son mejores, ya que ¿qué diferencia hay entre una lana tejida con fibras más finas y otra con hilos más recios? Pero ellos, como si esto aumentara el valor de su persona, se envanecen con soberbia, y están seguros de que ello les ha de granjear mayor estimación, pretendiendo exigir, como cosa justa, que se les honre con acatamientos que no se atreverían a pretender si vistieran humildemente; y si no se hace caso de ellos se indignan.

El segundo yerro que cometen es que se, jactan da cosas vanas y superfluas, con gran falta de conocimiento. ¿Qué deleite natural y verdadero puede haber en que otra persona esté con la cabeza descubierta en tu presencia, o con la rodilla hincada? ¿Acaso la incomodidad del otro remediará el frenesí de tu cabeza, o curará la enfermedad de tus ojos?

En esta aparente y falsa imagen de deleite afectado se desvanecen aquellos que se presentan así mismos como nobles y poderosos por la sola razón de ser hijos de sus padres, cuyas riquezas heredaron (ya que la nobleza no es otra cosa que virtud y riquezas envejecidas), y se figuran que no son menos nobles que el que más, aunque sus mayores no les hayan dejado un céntimo, o hayan gastado malamente lo que les dejaron.

Incluyen también en esta categoría de personas que buscan deleites engañosos a aquellos que se dejan llevar por el brillo y la hermosura de las joyas y piedras preciosas, y se consideran felices cuando adquieren una de gran valor, de las que en aquel tiempo más se usen y estimen, ya que el aprecio varía según los tiempos. Cuando compran la piedra preciosa exigen juramento del que la vende de que es buena, porque ellos no saben distinguir la verdadera de la falsa. Son como ciegos, que han de guiarse por los demás.

También aquellos que guardan riquezas amontonadas, no para aprovecharse de ellas, sino sólo por deleitarse con su contemplación. ¿No es éste un fingido y falso deleite?

A estos gustos necios y deleites tan vanos, juntan otros cuya locura conocen de oídas y no por propia experiencia, como son los juegos de azar, y la caza de cetrería y montería. ¿Que deleite y gusto tiene el arrojar los dados en un tablero? ¿O el oír ladrar a los perros? ¿Qué mayor deleite puede proporcionar el ver correr un galgo tras una liebre, que un perro tras otro perro? Si el deleite consiste en ver despedazar y matar aquel animalejo, antes debería mover a piedad la liebrecilla fugitiva, tímida e inocente, al ser atormentada por el galgo feroz y cruel.

Por todas estas consideraciones los de Utopía tienen completamente prohibida la caza, como menester propio de carniceros; profesión que han relegado a los esclavos. Cuando se caza por la necesidad de la vida humana el cazador toma gusto en la muerte de la pieza, y esto —dicen —es propio de un ánimo dispuesto a la crueldad.

Estas cosas, y otras muchas, aunque el común de los hombres las tenga por deleites, ellos, viendo que no son conformes a la naturaleza, juzgan como cosa cierta que carecen de la suavidad del verdadero deleite. Aunque reconocen que estas cosas recrean los sentidos, no quieren renunciar a su opinión, afirmando que no consiste en la naturaleza de la cosa, sino en una estragada mala costumbre que ha degenerado en vicio, lo cual hace que las cosas amargas se tengan por dulces.

Dicen que lo mismo que a ciertas mujeres embarazadas se les corrompe el gusto del paladar y saborean la pez y el sebo como si fueran más dulces que la miel, así el juicio estragado y pervertido (ya sea por enfermedad o por mala costumbre) tampoco puede mudar la naturaleza de las cosas y, por tanto, su deleite natural.

En cuanto a los deleites que tienen por sanos y verdaderos, los subdividen en diferentes especies.

Como deleite del alma ponen el entendimiento y aquella dulzura, que procede de contemplar la verdad, juntando a ello la memoria de haber vivido bien.

El deleite del cuerpo lo dividen en dos aspectos: uno que recrea lo sensible y restaura la vitalidad que hay en nosotros fomentándose con la comida y la bebida, así como en otras ocasiones expulsando aquellas cosas de cuya abundancia está lleno el cuerpo, como evacuando el estómago o en la generación, o dando satisfacción a algún prurito, en cuyos casos se goza de un deleite natural. Hay otro deleite que no responde a ningún deseo de los sentidos, sino a una fuerza oculta que produce delectación, y es la Música.

La otra especie de deleite corporal es el que consiste en la quietud y el sosiego de un cuerpo sano y normal, no interrumpida por ningún achaque. Ello por sí mismo causa gran gusto, aunque no le venga del exterior ningún deleite y suavidad. Porque aunque no se manifiesta por los sentidos, como el desordenado apetito de comer o de beber, muchos sostienen que es el mayor de los gustos.

Por todo ello, los de Utopía sostienen que este deleite, además de ser grande, es la base y el fundamento de todos los demás, sin el cual no hay deleite alguno, ya que es el que hace agradable la vida y digna de ser deseada. Aunque no haya dolor, si falta la sanidad los deleites aparentes antes se pueden tener por estupor que por solaz.

La opinión de los que decían que la salud entera y perfecta no se puede considerar como un deleite, porque no puede afirmarse que existe si no se experimenta con algún movimiento exterior, ya hace tiempo que la tienen por incierta, habiendo disputado esta cuestión muy detenidamente.

Así ahora, por el contrario, todos afirman que la salud perfecta es el principal deleite, indicando que el dolor y la enfermedad es el principal enemigo del deleite. ¿Qué gusto puede haber donde la salud falta?

Imaginan que carece de importancia el dilucidar si el dolor proviene de la enfermedad o la enfermedad del dolor; porque ya sea lo uno o lo otro, lo cierto es que lastima y atormenta, y que a quienes tienen salud cumplida no puede faltarles deleite.

Dicen que cuando nos alimentamos con la comida se restaura la sanidad, que por el hambre empezaba a debilitarse, y al recobrar el vigor habitual experimentamos, el gusto del alimento, tanto más cuanto más robusta es la salud. Por todo ello estiman que es falsa la afirmación de que la sanidad no se siente, lo cual no puede acontecer en ninguna persona que no esté privada de sentido y, por consiguiente, que esté sana.

Prefieren, antes que otros, aquellos deleites del ánimo, por estimarlos los principales, ya que se derivan de la virtud y de la buena conciencia, y hacen que la sanidad se tenga por el máximo solaz, que aventaja a los mayores deleites.

No quieren que se desee el manjar ni la bebida ni otros apetitos semejantes, sino para conservar la salud, ya que por sí mismas tales cosas solamente son agradables en cuanto ayudan a sostener, la vida. El que es prudente trata de conservar la salud más que de apetecer la medicina, y apartar los sufrimientos antes que buscar los deleites. Las medicinas y las distracciones sólo se justifican para conseguir el alivio de los males.

Si alguno con el deleite de las medicinas y de las distracciones se tiene por bienaventurado, tendrá que confesar que será tanto más feliz cuanto más perseguido se vea por el hambre, la sed y los pruritos, y ¿quien no ve que esto es miserable y asqueroso?

Estos son en verdad deleites ínfimos y bajos, pues no se refieren a sí mismos, sino que aparecen con la presencia de los dolores contrarios. El placer de la comida siempre va acompañado del hambre, aunque no con igualdad, ya que cuanto mayor es el hambre tanto más dura el dolor, aun antes del deleite, y no se acaba sino juntamente con él.

Por ello son de opinión de que tales deleites no se deben estimar sino cuando la necesidad los pide. Con todo, tienen gusto en ello y reconocen con gratitud que es un regalo de la naturaleza, la cual atrae con suavidad a los efectos de aquello que se hace a causa de la necesidad; ya que si los males de la sed, el hambre y demás que nos afligen, se tuvieran que remediar con purgas y con medicamentos amargos y desabridos... ¡con qué malestar y congoja se viviría!

De buen grado consideran como excelentes ciertos dones de la naturaleza, como son la hermosura, las fuerzas, la destreza... Y asimismo aprecian y buscan otros solaces que por medio de los sentidos pasan al ánimo, y que son propios del hombre, ya que ningún animal goza con la belleza del mundo, ni aprecia los dolores sino únicamente lo necesario para discernir su alimento, ni se deleite con las modulaciones del sonido.

En todas las cosas buscan la medida, para que un deleite menor no impida otro mayor, o que del deleite no provenga dolor, lo cual ocurre siempre que el deleite no es honesto. Pero el no hacer aprecio de la belleza, o descuidar las fuerzas, o derivar la habilidad en torpeza, o extenuar el cuerpo con ayunos, y cosas por el estilo, lo reputan (a no ser que se trate de salvar la República), como una, ceguera, y como algo que nace de un ánimo cruel e ingrato a la naturaleza, de la que rehusa los beneficios como si tuviera menos el serle deudor. Y de una manera especial si se hacen estas cosas por una vana sombra de virtud, o para estar preparados para una posible adversidad, que tal vez no llegara nunca.

Tales son sus opiniones acerca del deleite virtuoso, y están seguros de que la razón humana no podrá discurrir nada que sea más verdadero, a no ser que aparezca una Religión milagrosamente revelada por el Cielo que inspire a los hombres una cosa más santa. En cuanto a sí sus sentimientos son ajustados a la razón, o no, hemos de dilucidarlo nosotros, que únicamente nos hemos propuesto explicar su género de vida, pero no defenderlo. Sea ello como fuere, yo estoy persuadido de que en ninguna parte del mundo existe ningún pueblo que sea más floreciente ni más feliz.

Su complexión y disposición corporal es ágil y robusta, con fuerzas proporcionadas a su estatura, que no es de pequeña talla.

Aunque el terreno es bastante árido y el ambiente no es muy sano, con la moderación de su vivir se conservan sanos, y con su trabajo vencen la esterilidad de la tierra, de manera que en ningún lugar habrá más copiosos frutos, ni animales domésticos mejor alimentados, ni los cuerpos humanos más vivaces y activos, y menos sujetos a achaques.

Ello es de tal manera, que no solamente los cultivos habituales de los labradores se ven cuidadosamente administrados, como es el mejorar las deficiencias del terreno con ciencia, solicitud y cuidado, sino que además se ven grandes selvas arrancadas de una parte y trasplantadas a otra, en lo que no solamente miran a la producción, sino también al acarreo, para que Ja madera se halle más cerca del mar, o de los ríos, o de la misma ciudad; ya que el grano y los frutos se transportan desde lejos por caminos con mayor comodidad que las maderas.

Son benignos y apacibles, amantes de la tranquilidad; son firmes en sus trabajos, de manera particular en los estudios, con los que adornan su espíritu. Habiéndonos oído discutir de la Filosofía y demás disciplinas de los griegos antiguos, es cosa notable el señalar con cuánta afición nos instaron a que se lo expusiéramos para poderse enterar de ello.

Con este objeto empezamos por exponerles los principios fundamentales, para que no les pareciese que rehuíamos el trabajo, e esperando gran aprovechamiento del mismo. Tan pronto como empezamos nos dimos cuenta de que no sería un trabajo en vano, ya que empezaron a escribir en griego y a pronunciar las palabras con gran facilidad, recordando y repitiendo con tanta prontitud y fidelidad que estábamos maravillados.

Una gran parte de ellos no lo hicieron solamente por un impulso de su voluntad, sino que por un acuerdo del Senado se dispusieron a aprender todas estas cosas. Los estudiantes se escogieron entre los que tenían un ingenio más excelente y de sazonada edad, de manera que en menos de tres años no ignoraron nada de lo que nosotros podíamos enseñarles.

Leían sin tropiezos los buenos autores si las erratas de la imprenta no b dificultaban. Me imagino que la razón por la que captaron con más facilidad las letras griegas que las nuestras es porque aquéllas son más parecidas a las suyas; yo supongo que este pueblo debe tener su origen en los griegos; ya que en su lenguaje hay muchas palabras griegas, sobre yodo en las que designan a los Magistrados y a los nombres de las Ciudades, aunque en lo demás hay una grande influencia persa.

Pude procurarles la mayor parte de las obras de Platón y muchas de Aristóteles; también las obras de Teofrasto sobre las plantas, aunque a este tratado le faltaban bastantes hojas, que bien lo sentí. Ocurrió que en la nave embarqué unos fardos de libros, y un mono amaestrado que iba a bordo cogió el libro de Teofrasto que yo había dejado descuidado, y empezó a jugar con él arrancándole hojas.

De los que escribieron Gramática sólo tienen a Constantino Lascan. No llevé conmigo ningún Diccionario, excepto el de Hesichio y Dioscórides. Tuvieron en mucha estima las obras de Plutarco, y celebraron en gran manera los donaires y gracias de Luciano. De los poetas estimaron Aristófanes, Homero y Eurípides. De los historiadores eligieron a Tucídides, Herodoto y Erodiano. En cuanto a Medicina, mi compañero Tricio Apinato llevaba consigo algunas obras de Hipócrates y el Epílogo de Galeno; de ellas hicieron un gran aprecio. Aunque no hay gente en el mundo que necesite menos que ellos del arte médico, lo tienen en verdadera veneración, ya que lo cuentan entre las partes más hermosas y útiles de la Ciencia, ya que con su ayuda penetran las cosas más íntimas y secretas.

En el conocimiento de todas estas cosas no solamente sacan un gran deleite, sino que además encuentran en ello motivo de gratitud al Sumo Hacedor de todo lo creado, al cual consideran como Supremo Artífice que nos dejó esta máquina del mundo para que el hombre la contemplara, ya que es el único ser creado que es capaz de este conocimiento. Están convencidos de que el Señor ama más a los que andan curiosos y solícitos tras estos conocimientos de sus obras, que los impulsan a admirarle más, que a aquellos otros que semejante a animales sin entendimiento ni conocimiento, desprecian tan grande y admirable espectáculo.

El talento de los de Utopía ejercitado en el estudio tiene gran facilidad para inventar artificios útiles para la comodidad de la vida; pero dos de ellos los deben a nuestra presencia allí, que fueron la imprenta y el papel.

Aunque a decir verdad se lo deben en gran parte a ellos mismos, ya que mostrándoles libros impresos por mi compañero Aldo Manucio, al hablarles de ello, más que explicándoles la manera de trabajar la pasta y formar el papel, así como el arte de imprimir (ya que entre nosotros no había ninguno que conociera completamente estas técnicas), ellos mismos, con gran brevedad y prontitud, lo conjeturaron todo, siendo así que antes solamente, escribían en un pergamino al que llamaban papiro.

Intentaron y consiguieron fabricar papel e imprimir letras en él. Es natural que los primeros intentos no salieron con primor, pero repitiendo los ensayos muchas veces, en poco tiempo consiguieron lo uno y lo otro, y con tan gran aprovechamiento que si hubieran tenido más originales de los griegos no les faltarían copias. Ahora no tienen más obras que las que he referido y todas las han impreso en ediciones muy extensas.

A cualquiera que sea persona culta y que haya viajado, si llega a la Isla de Utopía para conocer su modo de vida y sus instituciones, le acogen con benignidad, pues

oyen con gusto lo que pasa en naciones lejanas.

A este país van con poca frecuencia los comerciantes, ya que solamente les interesa (a los de Utopía) el hierro y aquello que los comerciantes buscan con más empeño llevarse, que es el oro y la plata. Aparte de que ellos estiman que es mejor que sean ellos mismos los que vayan a comprar y a vender sus cosas al extranjero que esperar que otros vengan. Con lo cual adquieren mayor conocimiento de otros países y se perfeccionan en el arte de la navegación.

Los esclavos

No tienen por esclavos a los que hacen prisioneros en la guerra, ni siquiera a aquellos que les atacaron injustamente, ni a los hijos de los esclavos, ni a ningunos otros que estén en servidumbre en otras naciones, aunque los pueden comprar.

Unicamente tienen como esclavos a aquellos que por algún delito han incurrido en la pena de esclavitud, ya sean naturales de Utopía, ya sean extranjeros, lo cual ocurre frecuentemente.

Les hacen trabajar duramente, y los tienen en prisiones, con trato riguroso, juzgando que son incorregibles y merecedores de más graves castigos ya, que habiendo sido educados tan cuidadosamente en la virtud, no se han podido abstener del vicio. También existe, allí otra clase de servidumbre, integrada por algunos extranjeros acostumbrados al trabajo, sin recursos y de baja condición, que se ofrecen para servirles. A estos les tratan benignamente, y les tienen por poco menos que como ciudadanos, aunque les dan trabajos más pesados. Si alguno quiere despedirse (lo que ocurre raras veces) no lo retienen contra su voluntad ni lo despiden sin galardón.

Los enfermos

A los enfermos los asisten con grandes atenciones y cuidados, no dejando de emplear ningún medicamento ni ningún régimen que sea útil para restituirle la salud que le falta. Si alguno padece enfermedad crónica, le hacen compañía, entreteniéndole con la conversación y prodigándole toda clase de cuidados para aliviarle.

Si la enfermedad es incurable, con, grandes y constantes dolores, los Sacerdotes y el Magistrado le visitan y confortan, tratando de persuadirle de que hallándose inepto para los actos de la vida, molesto a los demás y pesado a sí mismo, que no se rebele contra su pronto fin queriendo alimentar la maligna enfermedad. Que siendo su vida un tormento, no dude en morir, antes bien lo desee con la confianza de tan miserable estado, ya sea quitándose él mismo la vida o pidiendo que se la quiten, ya que al morir no dejará comodidades, sino la peor miseria.

Además de esto (siguiendo el consejo de los Sacerdotes, intérpretes de la voluntad de Dios) los que se dejen persuadir realizarán una obra santa y pía dejándose morir de inanición, o pidiendo que les quiten la vida mientras duermen. A nadie hacen morir contra su voluntad, ni les disminuyen los cuidados durante la enfermedad mortal, persuadidos de que ejecutan una ocupación muy virtuosa. Pero si alguno se mata sin el consentimiento de los Sacerdotes y del Magistrado, no le dan sepultura y arrojan su cuerpo a una laguna.

El matrimonio

Las mujeres no se casan hasta los doce años, y los hombres hasta los dieciséis.

Si antes del matrimonio son sorprendidos en actos de deshonestidad son castigados gravemente y privados perpetuamente del matrimonio; a no ser que el Príncipe, movido de piedad, les perdone el yerro con un fuerte castigo, previendo que pocos se casarían voluntariamente con la obligación de cohabitar con una sola mujer y tolerar las molestias del matrimonio, si se les consintiera (aunque fuera una sola vez) el comunicarse con ésta o con aquélla.

En la elección conyugal emplean un sistema que me pareció muy chocante, pero que ellos lo tienen por muy prudente. Una mujer mayor y de buena fama manifiesta a la doncella (o viuda) al futuro esposo completamente desnuda, y lo mismo hace un grave varón con el novio ante la novia.

Al criticarles yo esta costumbre por parecerme impropia, me respondieron que ellos se maravillaban de la locura de la gente que cuando compran un caballo, que al fin y al cabo es cosa de poco precio, van con tanto cuidado que lo quieren ver sin la silla de montar, para cerciorarse de que debajo de ella no existe ninguna matadura; y cuando eligen esposa que puede dar solaz o fastidio durante toda la vida, son tan negligentes que se contentan con verla toda cubierta y envuelta, sin conocer más que su rostro, en el que todavía podría esconder algún defecto que después le descontentaría de haberla elegido.

No todos son tan prudentes que atienden principalmente a las costumbres, sino que aun entre los matrimonios más instituidos y cultos los atractivos del cuerpo hacen más gratos los del ánimo. No hay duda de que existen imperfecciones que pueden esconderse debajo del vestido, y que pueden motivar que la mujer resulte odiosa al marido. Esto debe prevenirse por las leyes para que no haya lugar a engaño, ya que ellos entre las demás naciones hacen al matrimonio indisoluble, y no admiten el divorcio más que en caso de adulterio o por alguna otra intolerable molestia, o defecto. En tal caso, el Senado concede al inocente el derecho a volverse a casar, y el culpable queda infamado y privado del matrimonio por toda la vida.

No quieren que la mujer que no ha delinquido sea repudiada contra su voluntad, aunque cayese en alguna calamidad accidental del cuerpo, por parecerles crueldad que se abandone a la persona cuando necesita consuelo, y porque la vejez, que lleva achaques consigo, sería desdeñada del consorte.

Algunas veces sucede que cada consorte encuentra con quien vivir más suavemente, y entonces pueden los dos separarse y contraer nuevo matrimonio con permiso del Senado, que no admite el divorcio si primero no se conocen sus causas. A esto se accede con dificultad, para que nadie espera poder mudar de matrimonio fácilmente.

Castigan a los adúlteros con durísima esclavitud, y si ambos lo son, se les concede que se casen. Pero si el cónyuge ofendido ama tanto al ofensor que no quiere hacer divorcio, no le impiden que continúe en el matrimonio y comparta la esclavitud del condenado. Y muchas veces ha sucedido que el solícito sufrimiento del inocente ha obtenido la libertad del culpado. Pero si después de este perdón vuelve a reincidir en adulterio, es condenado a la pena capital.

Penas y castigos

A las otras culpas no les tienen señalados castigos, sino que según sea el delito se le impone la pena más o menos grave, a criterio del Senado.

Los maridos castigan a las mujeres y los padres a los hijos, a no ser que cometan un grave delito que deba castigarse públicamente.

Casi todos los delitos son castigados con servidumbre, lo cual es más proporcionado a la maldad y a la administración de la República que el quitarles la vida, ya que ayudan más con el trabajo que con la muerte, y con su ejemplo constante aperciben a los otros a guardarse de semejantes culpas. Pero si reducidos a esclavitud son inobedientes y perversos, como a bestias indómitas los matan.

Los que son sufridos no están fuera de esperanza si tolerando el trabajo y las fatigas manifiestan que les desagrada más el pecado que el arrepentimiento, les suelen liberar de la servidumbre, por autoridad del Príncipe o favor del Pueblo.

No castigan menos al que ha provocado a alguna persona a lujuria que si hubiese cometido d delito, pareciéndoles que la voluntad determinada a pecar, aunque no se lleva a efecto, es merecedora del mismo castigo.

Se divierten con los "bobos", pero a nadie le es lícito causarles daños o injuria. No se dan cargos a los que no gustan de sus chirigotas, temiendo que después los tratarían mal. No se permite escarnecer a los simples de espíritu, o a los bobos, por no parecerles puesto en razón la burla o la mofa de tales deficiencias que ciertos hombres padecen sin culpa suya.

Así corno tienen por negligencia y dejadez el no conservar la hermosura natural, igualmente condenan a quienes con afeites y aderezos procuran exageradamente el aumentarla. Tienen por cierto que la mujer es más grata al marido por la bondad de sus costumbres que por ninguna aparente belleza corporal.

No solamente se apartan de las maldades por temor al castigo, sino que son incitados a la virtud por lo egregio de los honores. En las plazas levantan estatuas a los ilustres varones que realizaron empresas provechosas para la República, para que se conserve la memoria de las obras insignes, y las nuevas generaciones se sientan exhortadas a la virtud.

Si alguno pone de manifiesto que desea algún cargo de mando, o de Magistrado, basta esto para que quede del todo privado de él.

Viven en unidad y amigablemente, porque los Magistrados no son engreídos. Se hacen llamar padres, y se portan como tales, por lo que el pueblo los respeta con agrado.

El Príncipe no se diferencia de los demás con diadema o corona; el único distintivo es que llevan delante de él un manojo de espigas. Al Pontífice lo acompañan con una antorcha.

—Tienen pocas leyes, y. abominan a los pueblos que llenan volúmenes y volúmenes con glosas, reglamentaciones, órdenes y disposiciones. Consideran como una iniquidad el obligar a los hombres con tantas leyes que no se pueden siquiera leer todas, y tan complicadas que no son inteligibles.

No admiten que haya abogados, porque quieren que ante los Tribunales cada parte exponga su razón, ya que de esta manera se habla menos y se llega mejor a la verdad cuando se expone sin exuberancia de palabras.

Los jueces despachan las causas con solicitud, y favorecen sistemáticamente a la gente sencilla contra los astutos y malignos.

Así ocurre que en Utopía todos son jurisconsultos, porque tienen pocas leyes, y todos están pendientes de la interpretación más sincera que se les pueda dar, ya que las deducciones sutiles no pueden ser entendidas por todos, lo cual sería contra la aplicación de las leyes, que se dictan para que a todos sean manifiestas.

Los pueblos vecinos que viven libremente (porque muchos han sufrido la tiranía), movidos por el ejemplo de Utopía, les piden Magistrados por un año, pero suelen estar cinco. Cuando han cumplido su cometido regresan honrosamente a sus casas, y vuelven otros. Con ello estos pueblos mantienen de una manera excelente la salud de su República, ya que el bienestar o la ruina de las naciones dependen en gran manera de las costumbres de los Magistrados. La elección de estos enviados es cuidadisima, y no se doblegan ante ningún interés. Además, como han de volver a la Patria, y no conocen a los que gobiernan, no es fácil que se les persuada para que actúen contra razón, o para que cometan injusticias. Cuando estos dos males: la pasión y la injusticia, se apoderan de los jueces, pervierten la autoridad y debilitan todos los órganos de la República.

Utopía tiene por aliados a aquellos pueblos a los que envía Magistrados, y por amigos a los que han hecho beneficios. No se unen en confederaciones y alianzas, como hacen otras naciones, que tan aficionadas son a pactarías y a renovarlas. ¿Por qué hemos de confederarnos —dicen —, si basta la común naturaleza humana para conciliar a los hombres entre sí? Y si esto no basta, ¿podrán prevalecer las palabras? Aparte de que los tratados de paz y los convenios se observan poco fielmente entre los Príncipes de aquellos países.

En Europa, debido principalmente a la fe en Cristo, las alianzas se guardan inviolablemente, en parte por la rectitud y bondad de los Príncipes, y en parte por la reverencia y el temor a los Sumos Pontífices, ya que si se comete algún desmán que contravenga la Religión, ordenan a los otros Príncipes que mantengan su palabra y con la severidad de las censuras obligan á los contumaces a guardar la fe, teniendo como a vituperable desprecio el que no se observe la fe en las alianzas de los que a sí mismos se denominan fieles.

Pero en aquellos países tan distantes del nuestro, como distintos en las costumbres, como no pueden hacer las alianzas con tantas ceremonias y sacramentos, siempre se halla alguna ambigüedad en las palabras que las expone al artificio y a la interpretación, y por esta causa cualquier alianza que se haga siempre corre el riesgo de romperse al menor pretexto.

Yo estoy convencido de que los de Utopía no hacen confederaciones, no porque los Príncipes de aquellos países sean poco observantes de la palabra dada, sino por creer que aunque los tratados fuesen observados con toda puntualidad, no conviene hacerlos porque tales confederaciones convertirían en enemigos a pueblos limítrofes. Creen que no se debe tener por enemigo más que a aquellos de los que se ha recibido agravio; y que vale más la unión natural ante la injuria que las confederaciones, ya que los hombres se unen con más decisión y firmeza cuando los ánimos están dispuestos que a. base de palabras y de alianzas.

La milicia

Abominan en gran manera la guerra como cosa bestial, ya que ni las fieras más fieras la hacen tanto como el hombre. Por ello, y al revés de lo que ocurre en todas partes, nada tienen por tan infame como la gloria adquirida por las guerras.

A pesar de dio, de ordinario se ejercitan en la disciplina militar en días y lugares señalados para este objeto, no sólo los hombres, sino también las mujeres, para que si se presenta la necesidad no les halle sin preparación.

Nunca emprenden la guerra inconsideradamente, sino sólo para defender sus fronteras o para ahuyentar a los enemigos de sus territorios, o para liberar de la servidumbre a algún país amigo y ponerles en libertad, haciendo esto movidos por la compasión, sin otro fin que la fidelidad a su sentido humanitario.

Aunque por agradecimiento socorren a sus amigos, no siempre se trata de guerras defensivas, sino que algunas veces quieren satisfacer y vengar injurias. Para que esto ocurra, antes de llegar a las armas se ha de proponer satisfacción, y si no la dan, hacen la guerra a los autores del agravio.

No solamente se deciden a hacer la guerra a los que invaden su territorio y saquean el país, sino también, y con más furor, cuando países ávidos y con pretexto de leyes injustas, quieren someter a otras naciones para despojarlas y reducirlas a servidumbre, con pretexto de que hacen una obra justa.

No tuvo otro origen y principio la guerra que los de Utopía hicieran contra los Alaopolitas en favor de los Neofologetas, poco antes de estar nosotros allí.

Deshacen valerosamente los agravios hechos a sus amigos, quizá más que por vengar los propios, aunque sea en materia de dinero. La razón es que si los pueblos amigos quedan despojados de sus bienes, los particulares quedan arruinados; pero las pérdidas de Utopía son d oro y la plata del común, con lo que no les falta nada de lo que tienen en abundancia en sus casas.

Parece que se avergüenzan cuando alcanzan victorias sangrientas, como si hubiesen pagado un precio exagerado, y tienen por mucho más glorioso el vencer al enemigo con ardides, artes o engaños. En tales casos hacen grandes demostraciones de triunfo y alegría.

Levantan monumentos a los que así vencen, porque consideran como mayor valor el vencer la fuerza del enemigo con el propio ingenio. Así como el hombre vence a los animales feroces no por la fuerza sino por ardides.

Como ejemplo de esto, cuando se ha declarado una guerra, mandan secretamente que se fijen en país enemigo muchos carteles autorizados con sus firmas, todos a un tiempo y en lugares públicos y destacados, por los cuales se ofrecen grandes sumas a quien dé muerte al Príncipe contrario. También ofrecen premios menores, aunque importantes, por las cabezas de los consejeros y jefes que fueron los promotores de la guerra. Los premios se ofrecen doblados si en vez de darles muerte los entregan vivos. Ofrecen una buena recompensa y su amistad a los que deserten y se pasen a su bando. De esta manera en poco tiempo todos se tienen por sospechosos y nadie se fía ni de sí mismo. Muchas veces ha sucedido que buena parte de ellos, y aun el mismo Príncipe, han sido entregados por aquellos de quienes más se fiaban.

Esta costumbre de sobornar y comprar a los enemigos la tienen por innoble otras naciones; pero los de Utopía se jactan y se honran con ella, ya que de esta manera hacen la guerra sin hacerla, evitando muchas muertes y ruinas, tanto de los suyos como de los enemigos, de los que tienen tanta conmiseración como de sí mismos, sabiendo que no van a la guerra espontáneamente, sino forzados por la soberbia de sus Príncipes.

Si esto no les sale bien, buscan la discordia fomentando la ambición de algún hermano del Príncipe enemigo, o de algún otro poderoso, dándoles esperanzas de reinar. Si falla esto en el interior; estimulan a otros Príncipes extranjeros, refrescándoles antiguas pretensiones que nunca faltan entre reyes, y les ofrecen socorros, dándoles grandes sumas de dinero, pero no soldados, ya que consideran de más valor a cualquiera de los suyos que al principal Príncipe extranjero.

En tales circunstancias no son escasos en distribuir el oro y la plata que atesoraron con este fin, ya que no habrá de hacerles falta para sustentar su vida, aunque lo dieran todo. Además del oro y la plata que tienen en sus casas, disponen de sumas enormes depositadas en otros países en pago de las grandes ventas de productos de Utopía, como ya indiqué antes. De esta manera pueden pagar soldados mercenarios, procedentes de todas partes, principalmente los Zapoletas.

Este pueblo dista de la Isla de Utopía unas 50 millas hacia el Oriente. Son gente hercúlea, rústica y feroz. Habitan en las selvas, habituados al frío, al calor y a toda clase de inclemencias, desconociendo totalmente la vida regalada, pues no se aplican a le agricultura ni hacen caso de los edificios, ni se cuidan de tejer; todo su cuidado lo ponen en criar ganado, viviendo además de esto de la caza y del robo. Parece que nacieron sólo para la guerra, cuyas ocasiones buscan ávidamente, ofreciéndose como soldados en cuanto tienen noticia de alguna. Pelean valerosamente y con gran fidelidad hacia quien les paga. Raras son las guerras en las que no hay soldados de estos en los dos bandos, acometiéndose como enemigos; olvidando que son de un mismo linaje se matan unos a otros sin haber sido provocados, sino por la única razón de ser mercenarios de diversos Príncipes.

Les pagan poca soldada, y son tan codiciosos que si al terminar su contrato los de la parte contraria les ofrecen algo más, se pasan a ellos sin ningún miramiento. Así, aquellos dineros que adquieren con su sangre les son de muy poco provecho, ya que pronto los gastan pródigamente, dándose a los desórdenes y a los vicios.

Estos guerreros acuden ávidamente a Utopía contra cualquier otro país, ya que les dan mejor paga que en parte alguna. Por su parte, los de Utopía buscan a los mejores como amigos para todas las tareas humanitarias, y a los peores para una cosa tan criminal como es la guerra. No consideran como una pérdida el que mueran muchos de éstos, pensando que la humanidad habría de agradecérselo si fuesen poderosos para limpiar el mundo de aquella hez.

Además de éstos, se ayudan de aquellos países en cuya defensa los de Utopía tomaron las armas en ocasiones anteriores; y después de éstos, de los auxilios que otros amigos quieran mandarles. En último lugar convocan a sus ciudadanos, y entre ellos eligen al más experimentado y le nombran Capitán General, encargándole de la dirección de todo el ejército. A éste se le designan dos sustitutos, que mientras él vive actúan como soldados particulares, pero si le cautivan o le matan (lo que puede ocurrir por la variedad de acontecimientos de una guerra), uno de los dos le sucede, como en una herencia, y después de éste el tercero, para que no se amotine el ejército por falta de caudillo.

En todas las ciudades se alistan soldados voluntarios, y a ninguno se le hace ir a la guerra contra su voluntad, por estar seguros de que el hombre cobarde, además de no portarse valerosamente, desmoralizará a los que están con él. En caso de invasión del territorio tienen que luchar todos, y a estos cobardes les embarcan en las naves encuadrados con otros mejores, o les ponen en las murallas, en puntos donde no puedan huir; de esta manera por vergüenza ante los suyos y por tener el enemigo a la vista sin esperanza de poder escapar, muchas veces la necesidad extrema se convierte en virtud.

De la misma manera que a nadie se hace ir a la guerra contra su voluntad, tampoco se prohibe que vayan a día las mujeres que voluntariamente se presentan, y sirven de gran estímulo a sus maridos, padres o hermanos, porque tienen por gran afrenta que el marido vuelva sin, la mujer, o ésta sin el marido, o el hijo, o el hermano; y de dio se deriva que en las batallas dudosas, si pueden, perseveran todos hasta la muerte.

Precisamente porque no quieren ir a la guerra y, tratan de cumplir sus obligaciones con gente forastera pagada a su costa, cuando el ir a ella es inevitable y no hay más remedio que acudir personalmente a la batalla, aquello que prudentemente querían evitar les parece que es lo más lícito y lo emprenden intrépidamente. No Son feroces al principio; pero poco a poco se van embraveciendo con firmeza de ánimo, con tal tesón y coraje que antes perderán la vida que retirarse de la pelea.

La destreza de la disciplina militar a que se sometieron todos en tiempos de paz, les hace tener confianza en sí mismos. Finalmente, la buena opinión que tienen de la vida y de las instituciones de su República, comparadas con las de otros pueblos, les aumenta el brío y la decisión. Todo lo cual hace que no tengan por tan poco valor su vida que la expongan neciamente, ni tan neciamente la amen que cuando la honra pide que la expongan, traten de conservarla neciamente.

Fortifican con gran cuidado los lugares donde están, haciendo trincheras altas y hondas, parapetándose con la tierra que sacan de ella, no dejando este trabajo para los gastadores, sino que lo hacen los mismos soldados y todo el ejército, excepto aquellos que hacen guardia para evitar las sorpresas. De esta manera, al trabajar tantos con tanta decisión terminan en poco tiempo sus fortificaciones.

Utilizan armas muy firmes para parar los golpes de los contrarios, y no les estorban para cualquier movimiento, de manera que ni aún para nadar les son molestas, antes así armados acostumbran a nadar y. éste es uno de los primeros ejercicios que hacen en su instrucción militar. Para la lucha a distancia sus, armas ofensivas son las saetas, que manejan con gran valentía y destreza, no sólo la infantería sino también la caballería. Para la pelea cuerpo a cuerpo no usan espadas, sino unas hachas que cortan y punzan durisimamente, y cuyos golpes son mortales a causa de la agudeza de sus filos y de los grandes arcos que describen con ellas.

Inventan toda clase de máquinas de guerra y las encubren con el mayor secreto para que el enemigo no las conozca ni las entienda antes de que llegue la ocasión de emplearlas, ya que de lo contrario servirían más de burla que de provecho. Atienden en su construcción a que sean fáciles de mover y acomodadas a la necesidad.

Cuando conciertan treguas con el enemigo, las guardan inviolablemente, de tal manera que ni aún siendo provocados las quebrantan.

No saquean ni talan la tierra del enemigo, ni ponen fuego a los sembrados, antes procuran con todo cuidado posible que no se estropeen con el paso de los soldados y de los caballos, pensando que habrá de servir para su propio provecho. A nadie que este desarmado le maltratan, a no ser que se trate de un espía.

Las ciudades que se les rinden las amparan, y no saquean las que conquistan, excepto las casas de los que estorbaron la rendición, a cuyos dueños les quitan la vida y a los que la defendieron los hacen esclavos; pero a la muchedumbre no le hacen ningún dañó. A los que aconsejaron la rendición les dan parte de los bienes de los condenados y el resto lo dan a los soldados forasteros que luchan con ellos, ya que ninguno de los de Utopía tiene parte en la presa ni en el botín.

Al terminar la guerra no cobran los gastos a los amigos que ayudaron, sino que los cobran a los vencidos, parte en moneda (que guardan para otras ocasiones de guerra) y parte en heredades, cuyas rentas dedican al mismo fin. Al presente tienen bienes de esta clase entre muchas naciones, y han crecido de tal manera que las rentas son cuantiosísimas.

Si algún Príncipe, tomando las armas contra ellos, intentan entrar en su Isla, le salen al encuentro y le rechazan rápidamente fuera de sus tierras con grandes fuerzas. En ningún caso se han visto tan apurados que hayan tenido necesidad de que acudiera socorro alguno de sus amigos a su Isla.

La religión

Hay varias religiones en Utopía, no sólo en la Isla, sino también en cada Ciudad. Unos adoran el Sol, otros la Luna, otros alguna de las Estrellas; y aun algunos veneran por Sumo Dios a algún hombre de una gran virtud que existió en tiempos pasados.

Pero la mayor parte, que son los más instruidos, no reverencian ninguna de estas cosas, sino que creen que hay una divinidad oculta, eterna, inmensa e inexplicable, la cual interviene en este mundo más por afectó que por poder. A este Dios le llaman Padre, ya que en él reconocen el principio, el aumento, la mudanza y el fin de todas las cosas, y solamente a él rinden honores divinos.

Todos los demás, aunque adoren diferentes cosas, están conformes en que hay un Sumo Dios que lo ha creado todo y que con su providencia lo conserva; en su lengua le llaman Mitra.

Disienten unos de otros en que unos afirman que este Sumo Dios tiene su ser de una manera y otros de otra. Poco a poco, afirmando que este Ser Supremo a quien reverencian como Dios tiene el gobierno de todo, se apartan de las diversas supersticiones y se adhieren a aquella religión que más se conviene con la razón y con su género de vida. No cabe duda de que todos estarían ya en dicha religión, pero ocurre que cualquier desgracia que les sobrevenga al mudar de religión la toman como un castigo del cielo, y que la divinidad que intentaban abandonar se venga de su impiedad.

Pero cuando yo les prediqué el Nombre de Cristo, su doctrina y sus milagros, la constancia de tantos mártires que espontáneamente derramaron su sangre, y de cómo tantas naciones se han convertido, milagrosamente se inclinaron a ella, ya fuese por divina inspiración o porque les pareciera que este camino era semejante a sus creencias. Sea como sea, el caso es que muchos abrazaron la fe cristiana y recibieron las aguas del Altísimo, no pudiendo hacer otra cosa porque de los cuatro que allí estábamos ninguno era sacerdote.

Desean recibir los Sacramentos cristianos de que les di noticia, pero ya saben que únicamente los pueden administrar los Sacerdotes. Tuvieron discusiones entre ellos sobre si les era lícito nombrar Sacerdote a uno de ellos sin mandato del Sumo Pontífice, pero cuando yo salí de su tierra no habían decidido nada.

Los que no han admitido la religión cristiana no persiguen a los que se han convertido. Pero un recién bautizado se inflamó en su ardor, y aunque yo le amonestaba a que se callase, no se limitaba a exponer con entusiasmo su fe cristiana, sino que condenaba a las demás, llamando impíos a los que no querían adorar a la Santísima Trinidad, amenazándoles con el fuego eterno. Este tal fue preso, no tanto como violador de la religión del país, sino por ser causa de tumultos y de alborotar al pueblo, ya que la norma común es que cada uno profese con toda libertad la religión de su agrado.

Se cuenta en la Historia de Utopía que los primeros pobladores de aquel país combatieron entre ellos a causa de las diversas religiones que profesaban, con grandes males para todos, y finalmente habían decidido en sus leyes que cada cual pudiese profesar la religión que más concordara Con sus sentimientos, sin ser molestados por nadie Que si alguno deseaba convencer a otro lo hiciera con modestia y con razonamientos, no usando nunca de violencia ni injuria, castigándose con el destierro o con servidumbre a los contraventores

Estas leyes las hicieron no solamente por conservar la paz puesta en peligro por la desunión y el odio, sino también porque están persuadidos de que los diversos cultos son agradables a Dios y que por esto inspira a unos y a otros diferentes ritos, juzgando que no era conveniente que nadie intentara con violencias ni amenazas forzar a otro a creer aquello que uno tiene por verdadero.

Aún considerando que una de aquellas religiones fuese la verdadera, todavía les pareció que debía persuadirse a los ciudadanos con modestia, estando convencidos de que la verdad se abre paso y permanece, saliendo al fin victoriosa. Mientras que si estos asuntos se quisieran resolver con las armas podría ocurrir que unos hombres más feroces y supersticiosos oprimieran la verdadera religión, de manera semejante a como los buenos frutos vienen ahogados con las espinas y los abrojos. Por estas razones fue por lo que dejaran en libertad para que cada uno creyera lo que quisiera.

Lo único que se tenía por ilícito era el afirmar que las almas mueren con los cuerpos, o que el mundo viene gobernado por el azar sin intervención alguna de la providencia divina, por estimar que después de esta vida han de ser castigados los vicios y premiadas las virtudes, Los que negaban esto último eran tenidos por peores que bestias, y ni siquiera les hacían figurar entre el número de los ciudadanos, como seres que sin temor alguno al más allá no harán caso de ninguna buena ley ni sana costumbre.

A estos tales ni les conceden honores ni les dan cargo de responsabilidad, pero tampoco los castigan por considerar que no está en la propia mano el creer en la inmortalidad. Evitan el fomentar la hipocresía, ya que las amenazas conducirían a tener ocultos los propios sentimientos, fingiendo pensar como los demás. A éstos se les prohibe defender públicamente tales opiniones, particularmente ante personas poco instruidas, designando a algún Sacerdote prudente para que hable con ellos, con la esperanza de que tal absurdo tarde o temprano ha de ser vencido por la razón.

Los hay que creen en la inmortalidad de las almas de los animales, aunque con dignidad diferente de las de las personas, no estando destinadas a igual felicidad.

En tanto estiman la felicidad de las almas, que sienten pena por los que sufren, pero no por los que mueren, a no ser aquellos que de mal grado dejan esta vida, considerando esto como mal augurio, como si el alma que no espera bien alguno temiese ya el suplicio, atemorizada por la propia conciencia. Piensan que desagrada a Dios el caminar de aquel que, cuando es llamado, no corre voluntariamente, sino que se retira y rehusa. Si alguno muere en esta disposición sienten gran compasión por él y lo entierran sin pompa alguna, rogando a Dios que le perdone aquella flaqueza.

Ninguno llora a los que mueren contentos y con buena esperanza, sino que sus exequias son gozosas, encomendando sus almas a Dios. Con gran reverencia queman sus cadáveres, pero sin lamentaciones.

Colocan lápidas, donde se escriben las alabanzas del difunto, relatando su vida y alabando su muerte. Esto lo tienen Como una recompensa a la virtud y un agradable culto a los difuntos, ya que creen que los que murieron están presentes de manera in visible en tales conmemoraciones, ya que no serían felices si no pudieran estar donde les apeteciera; Y serian ingratos y desagradecido si no quisieran estar con los amigos con los que estaban unidos por mutuo amor, ya que la caridad debe más bien aumentar en ellos que disminuir.

Creen que los muertos están presentes entre los vivos, viendo y oyendo lo que hacen y dicen, lo que les hace animosos en sus empresas al contar con tales ayudas, y sintiéndose representantes del honor de sus mayores se guardan en gran manera de todo lo que no sea honrado, ni Siquiera en secreto.

Hacen poco caso de las supersticiones adivinatorias, tan en boga en otros países. Veneran los milagros que ven sobre las fuerzas de la naturaleza, creyéndoles testimonios de la presencia divina. En las grandes calamidades organizan rogativas públicas para aplacar a Dios.

Piensan que la contemplación y el estudio de las cosas naturales, es un culto gratísimo a Dios. Los hay que movidos por sus sentimientos religiosos dejan las cosas propias, incluso la cultura y la contemplación de la naturaleza para darse totalmente a las buenas obras, tales como el asistir a los enfermos, reparar los caminos y los puentes, cortar árboles, etc., y como si fuesen esclavos se ponen voluntariamente a los trabajos más desagradable y groseros, fatigándose para que otros descansen, y no desdeñando a los que no viven como ellos.

Cuanto más éstos se portan voluntariamente como siervos, tanto más vienen a ser honrados y estimados de los otros. Los hay de dos clases: unos que viven en castidad y no comen carne, dejando de lado todo trato sexual, puesta su mirada en la vida futura viven sanos y contentos; —la otra clase de los que se dan al trabajo servir se casan para tener sucesión que sea útil a la República, y no huyen de aquellos entretenimientos que no les estorban en su servicio a los demás; comen carne por creer que este alimento les hace más fuertes y robustos para realizar sus duros trabajos.

El pueblo tiene a estos últimos por más prudentes y a los otros por más sabios.

Tienen solamente 30 Sacerdotes, de vida muy ordenada, para todas las Ciudades, según el número de sus Templos. Cuando van a la guerra no llevan consigo más que a siete de ellos, y no crean otros en su lugar hasta terminada la guerra, según el número de los que hayan muerto.

Los Sacerdotes, como los Magistrados, se eligen por el Pueblo por votos secretos, para no fomentar rivalidades. Se dedican únicamente al servicio divino y al cuidado de la Religión. Son los censores de las costumbres, y es vituperado aquel a quien ellos reprenden. Su oficio es amonestar a los delincuentes, así como el de los Magistrados es el de castigarlos. Solamente excomulgan a los obstinados, y es una gran tacha el estarlo. Si los excomulgados no se enmiendan, pasan a la jurisdicción de los Magistrados.

Estos Sacerdotes educan a la juventud especialmente en las buenas costumbres y en que tengan buenos criterios sobre todo en el deseo de ser útiles a la causa pública, para que cuando sean adultos estén dispuestos a defender la ordenación de su República, por lo cual no solamente los apartan de los vicios, sino también de las opiniones perversas.

Los Sacerdotes reciben por esposas a las mujeres más selectas del Pueblo, y nombran Sacerdotisas a las matronas, aunque solamente a las viudas, o de edad madura.

Los Sacerdotes son muy venerados, más que cualquier Magistrado. Si se hacen reos de algún delito nadie tiene autoridad para juzgarlos, sino que los dejan al juicio divino y a la propia conciencia, ya que no les parece justo que nadie ponga sus manos mortales en los que se consagran a Dios. Esta costumbre pueden observarla porque eligen como Sacerdotes a hombres de vida muy probada, con lo que es rarísimo que caigan en vicios. Y si sucede que pequen, porque la naturaleza humana es flaca, como son pocos y sin potestad de mandar, no se teme que puedan infestar la República. Nombran pocos Sacerdotes para que su dignidad sea más reverenciada; además de que creen que es difícil que pueda haber muchos que puedan merecer tal dignidad.

No solamente son muy respetados en Utopía, sino también en los países vecinos, lo cual (a mi entender) proviene de que cuando se producen hechos de armas, los Sacerdotes están separados de los que luchan, revestidos con sus ornamentos, de rodillas y con las manos en alto ruegan primeramente por la paz y después para que su pueblo pueda alcanzar la victoria sin derramamiento de sangre; y al vencer los suyos corren hacia los luchadores impidiendo que se remate a los vencidos, y nadie les hace daño alguno.

Tanta reverencia tienen a los Sacerdotes que ni se atreven a tocarles las vestiduras, y por esto les tienen también veneración las otras naciones, así, no solamente evitan que en las guerras los enemigos sean muertos por los suyos, sino también que éstos san pasados por las armas por los contrarios en caso de derrota.

Algunas veces ha sucedido que siendo vencidos los de su campo y entrando a saco los contrarios, con la llegada de los Sacerdotes se ha dado fin a la matanza y se ha hecho una paz razonable. Y nunca se halló una nación tan feroz y salvaje que no los haya honrado como sacrosantos e inviolables.

Festividades

Celebran con gran solemnidad los días primero y último de cada mes, e igualmente del año. Para los meses se guían por la Luna, y para los años por el Sol. Al primer día del mes le llaman en su lengua Cinemernos y al último Trapemernos, que es como si dijéramos primeras fiestas y últimas fiestas.

Tienen templos excelentes, no solamente por la magnificencia de la obra, sino también por su grandiosidad, ya que no ser pocos los que hay, conviene que quepan en ellos grandes muchedumbres.

En dichos templos no hay mucha luz, v no porque no sepan edificar, sino por consejo de los sacerdotes, ya que con poca luz se distraen menos, y se tiene mayor recogimiento y atención. Entienden que así se practica mejor la religión, ya que no siendo una sola sino varias, son de tal forma que todas van dirigidas al mismo fin, que es el culto a la Divina Naturaleza, aunque lo hagan de diferentes formas y por diversos caminos. Por esta razón nada se ve ni se oye en los templos que no cuadre a alguna de las religiones que se profesan.

Las cosas particulares de cada religión se practican en las casas particulares, pero los actos públicos se realizan de tal manera qué no molestan en nada a lo específico de cada una de ellas. Con vistas a esto en los templos no hay ninguna imagen, para que libremente cada uno pueda dar curso a su pensamiento y a sus sentimientos religiosos. Tampoco se pronuncian los nombres particulares de los dioses, sino únicamente el de Mitra, con el cual todos están conformes para designar a la Divinidad Suprema, cualquiera que ella sea.

Las oraciones que rezan en común están ordenadas de tal manera que cada uno puede pronunciarlas sin ofensa de su opinión.

En las tardes del día de fin de mes, o de año, todos acuden en ayunas a los Templos a dar gracias a Dios, y al día siguiente, que es el primero del mes, o del año, con alegría se juntan todos en el templo para pedir a Dios sucesos prósperos y felices para mes, o el año, que empiezan con aquella fecha.

En los días finales del mes o del año las mujeres se ponen de rodillas ante los maridos, y los hijos ante los padres, confesando que no se han portado tan bien como debían, y si hicieron alguna cosa indebida, o dejaron de hacer alguna obligación, piden perdón por estas faltas. De esta manera, si hubo algún principio de desavenencia doméstica, con esta satisfacción se deshace, para poder asistir a las funciones del templo con ánimo pacífico y sereno, ya que consideran como una gran maldad el ir al templo con el espíritu alterado. Por esta razón, si cualquiera se halla culpable de enojo o mala voluntad hacia alguno, no se atreve a asistir a los cultos religiosos, temerosos de que su maldad ha de atraerles grandes castigos, si antes no se reconcilian y limpian sus afectos.

—En el Templo los varones se ponen a la derecha y las hembras a la izquierda, de tal manera que todos los de una misma familia se ponen puntos y alrededor del más anciano, tanto los hombres como las mujeres. Los jóvenes no van en grupo, para evitar juegos y niñerías, sino que están junto a personas mayores y así van entrando en el temor religioso, qué es el único imperativo para andar por el camino de la virtud.

No sacrifican animales, porque no pueden llegar a persuadirse de que la divina clemencia se complace en ello, ya que dio la vida a todo cuanto la tiene para que gozase de ella. Queman incienso y otros perfumes aromáticos, y llevan delante muchas antorchas encendidas, no porque no sepan que estas cosas (así como las oraciones de los hombres) no añaden nada al ser de la Divina Naturaleza, sino que son actos de reverencia y de gratitud. Con tales olores y luces y las demás ceremonias, sienten que en cierta manera los ánimos se inflaman y elevan a Dios, aspirando a adorarle con mayor fervor.

Todos acuden al templo con túnicas blancas, y únicamente el sacerdote se viste y cubre con otros colores. Los ornamentos son admirables, pero en ellos no figura el oro, ni la plata, ni las piedras preciosas, sino a base de plumas de aves de diferentes clases y colores, labrado con tanto primor que ninguna materia, por preciosa que sea, puede igualarse a este arte.

Además de esto, en aquellas alas y plumas de las aves, en el orden y disposición con que están Colocadas tal como están repartidas en las vestiduras del Sacerdote, dicen que se contienen misterios secretos, que explican los que hacen el sacrificio, afirmando que todo ello les sugiere la grandeza de los beneficios divinos que han recibido, la piedad que han de tener con Dios y las obligaciones recíprocas que se tienen unos con otros.

En cuanto el Sacerdote sale de la Sacristía revestido de esta forma, todos a una se postran en tierra, con un silencio tan profundo que asombra al que lo ve por primera vez, como si estuviesen ante alguna deidad. Después, y a una señal del Sacerdote, se levantan todos y cantan alabanzas a Dios. La forma de hacerlo y los instrumentos de música con que se acompañan son diferentes de lo que se usa entre nosotros, excediendo en cuanto a suavidad y ajuste de voces, de tal manera imitan y manifiestan los afectos naturales acomodando el sonido y la melodía a la materia. Dispone, penetra y enciende los ánimos admirablemente, tanto si se trata de rogativas o de alegres acciones de gracias, o de profundas y sentidas peticiones de perdón.

Finalmente, el Sacerdote, juntamente con el pueblo, rezan unas preces solemnes con palabras que tienen Preparadas para ello, tan bien compuestas y ordenadas que aquellas cosas que todos juntos dicen, cada uno las puede aplicar con facilidad a sí mismo en particular. En ellas cada cual reconoce a Dios como autor del universo y de toda cosa buena; y le da gracias por los beneficios recibidos y de una manera

particular de haber nacido en aquella República que les hace gozar de aquella religión que confían es la verdadera. Piden a Dios en sus oraciones que si cometen algún error o si hay otra religión más verdadera y que más le agrade, que se lo manifieste, pues están dispuestos a seguir por el camino por el que Dios los encamine. Pero si su República es la mejor y su religión es la más recta, le piden que les dé constancia para perseverar y que traiga a los demás hombres a tal género de vida, a no ser que también sea del agrado de su inescrutable voluntad que haya esta variedad de religiones terminan suplicando que después de la muerte les lleve hacia Él, y que no sea muerte cruel ni trágica. Después de esta última oración vuelven a postrarse y levantándose pausadamente se van a comer, pasando el resto del día en juegos y ejercicios militares.

Comparaciones

He referido de la manera más exacta que me ha sido posible las cosas de aquella República que no solamente tengo la certeza de que son muy buenas, sino que estimo que únicamente ella puede llamarse República porque aunque en otras partes se trate verdaderamente del bien público siempre se atiende más al particular. Mientras que en Utopía todos miran preferentemente la utilidad común, dejando en segundo término el propio interés.

En otras Repúblicas, aunque sean prósperas y florecientes, y nadie tema morirse de hambre, procuran, no obstante, más sus comodidades particulares que la conveniencia pública; y aunque la necesidad obliga a veces a hacer estas cosas, no así en Utopía, donde todo es común, y por ello nadie teme morir de necesidad por estar llenos los almacenes públicos desde los que a todos se distribuye con equidad. No hay ningún pobre, porque nadie posee nada en particular, siendo todos ricos en común.

No se puede comparar la situación de otros países, ni siquiera de lejos, con la igualdad de esta República. ¿Cómo puede justificarse que un pobre, o un plebeyo que sea usurero, u otro cualquiera que no se ocupa en trabajo alguno o que toda su acción es poco necesaria a la República, pueda adquirir a base de tal ociosidad el vivir con esplendor y regalo, y que un trabajador, o un hombre del campo, tenga que trabajar día y noche con tanta fatiga que no la toleraría un animal, para granjearse escasamente su alimento, con menos comodidad que los brutos, que ni se cansan tan intensamente ni padecen por el temor de que les falten las cosas necesarias para la vida? ¡A éstos el trabajo de escaso provecho y poco fruto siempre les está aguijoneando, atormentándoles el pensar en la vejez mísera que les espera a todos aquellos cuyo jornal de un día es tan escaso que no les basta para el sustento de él, de manera que mal podrán poner de lado algo sobrante para los días malos de la senectud!

¿No es ingrata e injusta aquella República que desperdicia grandes caudales en los que llama nobles, en los artífices de cosas vanas, en los bufones, en los inventores de deleites superfluos, y en muchos otros por el estilo, no teniendo el menor interés por el bienestar de los agricultores y toda clase de trabajadores, sin los cuales la República no podría subsistir? Se usa mal de aquellos cuyo trabajo es de gran provecho, desentendiéndose de sus desvelos; y cuando después de haber pasado muchos años se hallan necesitados de todas las cosas y con graves enfermedades, se les deja morir en extrema miseria, olvidando los grandes servicios que prestaron.

¿Qué diremos de los ricos que se quedan con el salario de los trabajadores, no solamente con violencia y engaño, sino con el pretexto de las leyes? Así, lo que antes se tenía por injusto, como era el no recompensar con agradecimiento a los que habían hecho algún bien y servicio a la República, ahora esta ingratitud y perversión la ensalzan y califican con el nombre de justicia, estableciendo leyes nuevas sobra esta base.

Estas invenciones de los poderosos, adornadas con los colores de la nación, se convierten en leyes; y los hombres perversos con codicia insaciable se reparten entre ellos los bienes que debían destinarse a la necesidad de todos. ¡Qué lejos está esto del bienestar de la República de Utopía!

En Utopía han desterrado totalmente la codicia del dinero no usando de él para nada, evitando así muchas pesadumbres y arrancando las maldades de raíz. Porque, ¿quién no sabe que los engaños, hurtos, robos, tumultos, alborotos, enemistades, motines, asesinatos, traiciones y venenos (que cada día son más frecuentes, porque los castigos no bastan para evitarlos), todo ello desaparece si se desprecia el dinero? ¿Y que la solicitud por el difiero es causa de continuas fatigas y desvelos para ahuyentar la pobreza, como si ésta solamente pudiera ser vencida con la riqueza?

Para que esto se vea con mayor claridad, piénsese en lo que ocurre en un año estéril y sin frutos, en el que muchos millares de personas mueren de hambre. Con toda crudeza me atrevo a afirmar que si al final de aquella carestía se abrieran los graneros de los ricos se hallarla tanto trigo que si se hubiera repartido entre las víctimas del hambre ninguno habría perecido por la esterilidad de la cosecha. Y con facilidad se hubiera podido proveer al sustento si aquel dinero (que con tanta excelencia fue inventado para que con su ayuda se abriera la puerta al remedio y al sustento) no hubiera sido el que cerró el camino y estorbó el remedio.

No tengo duda de que los ricos sienten y entienden estas cosas y no ignoran cuán mejor sería la condición de que no se careciese de nada necesario, más que abundar en cosas superfluas, y el librarse de muchos males más que el estar rodeados de grandes riquezas. Yo tengo por cierto que el verdadero gusto por una vida honrada y la autoridad de nuestro Salvador Jesucristo, el cual con su sabiduría y bondad pudo aconsejar aquello que era lo mejor para los hombres, hubiera conducido a todo el mundo a vivir de esta manera si no hubiera existido la soberbia, la cual no estima tanto los bienes propios como los males ajenos, deleitándose en afligir a los pobres, porque no mide y regula el bienestar por los provechos propios, sino, por los males de los demás.

La riqueza se levanta como diosa, a base de un mundo de miserables a los que pueda mandar y de quienes pueda triunfar, y cuyas desdichas la hagan resplandecer haciendo alarde de su poder y ostentación, con lo que se aflige y aumenta más la necesidad y la miseria.

Esta serpiente venenosa se enrosca en el pecho de los hombres y como si fuera el pez rémora los detiene y les hace volver atrás, impidiendo que sigan una feliz travesía de la vida; tan arraigada está en los hombres la soberbia que son pocos los que pueden arrancarla.

Me contento con que esta forma dé República (que ya quisiera yo que todas fueran igual) al menos haya podido realizarse en la Isla de Utopía, donde se ha seguido la forma de vida indicada, que no solamente tiene que durar y prosperar, sino que (en cuanto los hombres podemos conjeturar lo futuro) ha de permanecer para siempre. Ya que habiéndose extirpado de entre ellos el vicio de la ambición por una parte y la raíz de las sectas por otra, no hay allí peligro de discordia, que ella sola es capaz de arruinar las ciudades mejor fortificadas. Pero viviendo todos en concordia bajo instituciones humanísimas, nada podrá la envidia de los príncipes vecinos para deshacer aquel país, como ya se ha demostrado muchas veces.

Despedida

Hasta aquí habló Rafael Hithlodeo de lo que había visto y observado en Utopía, y ello hacía que acudieran a mi mente muchas otras cosas relacionadas con ello.

Sobre las leyes que se habían instituido en las costumbres de aquel pueblo, no sólo acerca de la manera de hacer la guerra, y de su religión y ritos divinos, y otras ordenanzas suyas, sino que pensaba sobre el principal fundamento de toda su institución, esto es su manera de vivir y sustentarse sin comercio de dinero, sin el cual toda nobleza y esplendor se destruye y aniquila completamente, siendo así que de ordinario se tiene esto corno el principal ornamento de la República.

Pero me daba cuenta dé que se había cansado con la relación tan extensa que me había hecho, y temía que llevara a mal que le replicara contra su opinión, pues sabía que a algunos lo había reprendido por haberlo hecho. Por ello alabé la forma de Vida de Utopía y lo que me había referido, y estrechando su mano le invité a cenar conmigo, diciéndole que más adelante, después de pensarlo yo bien, hablaríamos más despacio de todo lo que me había dicho, lo cual quiera Dios que podamos hacer en alguna ocasión.

Mientras tanto, no puedo dejar de estar conforme con todo lo que dijo, primero por tratarse de un hombre muy docto y conocedor del mundo, y después he de confesar llanamente que muchas de las cosas de Utopía, más deseo que confío llegarías a ver en nuestras Ciudades.

Tomás Moro.

Fin.

www.ingramcontent.com/pod-product-compliance
Lightning Source LLC
Chambersburg PA
CBHW071241280526
45788CB00004B/1532